D1661617

*Dieser Band 4 der Schriftenreihe des
Vereins Oldenburger Münzfreunde e.V.
wurde ermöglicht durch Förderung der*

*Volksbank Oldenburg eG.
und der
VR-Stiftung Volksbanken Raiffeisenbanken*

Schriftenreihe des Vereins Oldenburger Münzfreunde e V.
Band 4

Oldenburger Beiträge
zur Münz- und Medaillenkunde

Jubiläumsschrift
zum 40jährigen Bestehen des Vereins Oldenburger Münzfreunde e.V
Oldenburg

Littmanndruck Oldenburg
1999

Impressum

Herausgeber:

© 2000 Verein Oldenburger Münzfreunde e.V., Oldenburg

Die Deutsche Bibliothek - CIP Einheitsaufnahme
Oldenburger Beiträge zur Münz- und
Medaillenkunde - Bd. 4
Herausgeber: Verein Oldenburger Münzfreunde e.V.

Verlag:

Ad. Littmann GmbH & Co KG, Oldenburg

Redaktion:

Kurt Asche
Ernst Klie
Eilert E. Viet

Alle Beiträge erscheinen in sachlicher und rechtlicher Eigenverantwortung der
einzelnen Autoren.

Einbandgestaltung:

Kurt Asche

Gesamtherstellung:

Littmanndruck, Oldenburg (Oldb)
ISBN 3-926296-18-6

Inhalt:

VORWORT

Die Oldenburger Münzfreunde geben anläßlich ihres 40jährigen Bestehens den Band 4 ihrer Schriftenreihe heraus. Mit den Beiträgen zur Münz- und Medaillenkunde in diesem Band werden geichzeitig die numismatischen Tätigkeiten, sowie ihre Forschungen und Förderungen bestätigt. In der Vereinssatzung werden diese Aufgaben mit folgenden Sätzen zum Ausdruck gebracht: „Der Zweck des Vereins besteht darin, das Verständnis und die Liebe zum Sammeln von Münzen und Medaillen zu wecken und zu fördern, seine Mitglieder für eine wissenschaftliche Mitarbeit zu interessieren und sie in numismatischen Angelegenheiten zu beraten. So fördert der Verein u.a. die Volksbildung und die wissenschaftliche Forschung auf allen Gebieten der Münz- Geld- und Währungsgeschichte und der Medaillenkunde. Er unterstützt das wissenschaftliche Studium dieser Wissensgebiete, insbesondere der oldenburgischen Numismatik und ihrer Nachbargebiete". Auf eine Darstellung der Vereinsgeschichte wird in diesem Band verzichtet mit dem Hinweis auf die vereinsgeschichtlichen Angaben in den Bänden 1 - 3 unserer Schriftenreihe.

Dieser vierte Band enthält historisch interessante Beiträge zur Münz- und Medaillenkunde, in denen die Bezüge zur oldenburgischen Landes-, Heimat- und Kulturgeschichte besonders hervorgehoben werden. Die Oldenburger Münzfreunde betrachten sich als oldenburgische Kulturpfleger und Erhalter von Kleinkunstdenkmälern mit einer „geprägten Geschichte". Münzen und Medaillen sind auch bedeutende Dokumente der oldenburgischen Landesgeschichte. Sie dokumentieren Kultur-, Kunst-, Münz-, Währungs- und Geldgeschichte, oft als besondere Zeugen der Zeitgeschichte.

In den Beiträgen der Autoren werden auch überregionale Bezüge dargestellt. Auf eine frühe Sammeltätigkeit hier in Oldenburg, im 18. Jahrhundert die „Sammlung Lynar", wird in einem anderen Beitrag hingewiesen. Als Gründer der Oldenburgischen Großherzoglichen Münz- und Medaillensammlung ist der kunstsinnige Herzog Peter Friedrich Ludwig von Oldenburg bekannt. Schon als Prinz und Koadjutor konnte Peter Friedrich Ludwig von seiner Reise nach Dänemark und Schweden im Jahre 1780 eine stattliche Anzahl von Goldmedaillen und Goldmünzen mitbringen. Allein von seinem Vetter dem Schwedenkönig Gustav III. erhielt Peter Friedrich Ludwig als Gastgeschenk „65" Goldmedaillen und in Kopenhagen von seinem Verwandten, dem Dänenkönig Christian VII. ebenfalls ein Geschenk von zahlreichen Goldmedaillen und Münzen. Später ist die Großherzogliche Münz- und Medaillensammlung durch mehrere Ankäufe gewachsen. Heute wird kein Museum mit Ausstellungen zur Landes- und Kunstgeschichte auf die Dokumente von Münz- und Medaillensammlungen verzichten können.

Goethe, der zu dem Kreis der Münz- und Medaillensammler zählt, betrachtete seine geprägten Sammlungsstücke als seine „Lieblingskinder" und er „liebte den Besitz, nicht der besessenen Sache, sondern seiner Bildung wegen" . Auch am Hofe des Großherzogs von Sachsen-Weimar wurde Mitte des 19. Jahrhunderts im Kreise der münz-interessierten Großfürstin Maria Pawlowna auf die „Unentbehrlichkeit der Münz- und Medaillenkunde hingewiesen, als der Wissenschaft die sicherer als viele andere

Urkunden, die Ereignisse, Zustände, Meinungen und Fertigkeiten der Vergangenheit vor uns aufschließt. Die Angaben der Prägejahre und Prägeorte auf den Münzen dienen der Chronologie und Geographie. Die Bildwerke zeigen dem Künstler den Zustand der Kunst von Epoche zu Epoche, die Münzaufschriften liefern dem Spachforscher schätzbares Material, die Fundorte der Münzen dienen zur Aufspürung alter Staßen- und Handelszüge.....".

Wir wünschen Ihnen viel Freude beim Betrachten der abgebildeten „Kleinkunstwerke", den Münzen und Medaillen. Der ausführliche Text stellt die Gepräge in den geschichtlichen Rahmen.

Unser Dank gilt den Autoren, die mit Ihren Beiträgen diesen Band 4 gestaltet haben. Für die großzügige Förderung und finanzielle Unterstützung danken wir ganz besonders der VR-Stiftung Volksbanken Raiffeisenbanken und der Vollksbank Oldenburg eG.

(Viet)
1. Vorsitzender des Vereins
Oldenburger Münzfreunde e.V.

8

Kurt Asche

ZUR GESCHICHTE DER AUGSBURGER MEDAILEUR- UND GOLDSCHMIEDEFAMILIE DRENTWETT

Die Entdeckung des Ursprungs der Augsburger Künstlerfamilie Drentwett aus dem Oldenburger Land verdanken wir dem Heimatforscher Georg Janßen aus Sillenstede. Unter dem Titel „Heimatgeschichtliche Entdeckung bei der Sippenforschung" veröffentlichte er 1938 im „Wilhelmshavener Kurier" einen Aufsatz, in dem er seine Erkenntnisse zur Herkunft des Stammvaters der Augsburger Goldschmiede-Dynastie, Balduin Drentwett, und dessen Geburtsjahr 1545 erstmals publiziert[1].

Er stützt sich bei seinen Angaben zunächst auf die Daten des Thieme-Becker-Künstlerlexikons von 1913, scheint aber auch weitere, bis dahin unausgewertete Quellen benutzt zu haben, denn er korrespondiert mit der Staatlichen Münzsammlung München und zitiert das Augsburger Hochzeitsamts-Protokoll vom Februar 1575, in dem Balduin Drentwett sich als aus „Gibert in Friesland" stammend bezeichnet. Für Janßen steht fest, daß es sich bei dem Ort Gibert nur um die Stadt Jever handeln kann, und er beruft sich dabei u.a. auf die grundlegende Arbeit des Oldenburger Historikers Georg Sello von 1928 über Östringen und Rüstringen. Schließlich zeigt sein Hinweis auf die Drentwett-Wappen in der Kirche zu Schortens und in den Städtischen Kunstsammlungen zu Augsburg, daß er die damals bekannten Bildquellen aus eigenem Augenschein oder aus Abbildungen kannte. Somit steht der Name Georg Janßen für den Beginn der hiesigen Drentwett-Forschung.

Zehn Jahre nach dem Ende des Zweiten Weltkrieges erschien im Jeverschen Historien-Kalender ein Aufsatz über die Familie Drentwede-Drentwett, der die Darstellung von Janßen nicht nur bestätigt, sondern genauere Angaben zur Ausbildung und Tätigkeit des Balduin Drentwett sowie zum Wirken der Familie während mehrerer Jahrhunderte in Bayern, Württemberg, Baden, Pommern und Mecklenburg, des weiteren für die Zaren in Rußland und die Könige in Polen enthält[2]. Der Münchner Verfasser, Emil Hofmann, stützt seine Ergebnisse auf archivalische Quellen und eigene Forschung sowie auf eine Zahl von über hundert Drentwett-Medaillen in deutschen und außerdeutschen Münzkabinetten.

Im Mittelpunkt des Aufsatzes steht erneut die Gründerfigur des Balduin Drentwett, der nach Aussage des Autors um 1570 in der Kunstmetropole Augsburg erscheint und im Februar 1575 daselbst die Augsburger Bürgerstochter Sophie Birk heiratet. Hofmann nennt weitere Mitglieder und Auftraggeber der Familie und weist auf die Selbstbildnismedaille in der Staatlichen Münzsammlung München hin, derzufolge Balduin im Jahr 1545 geboren wurde. Er stellt eine Stammtafel zusammen, die dreizehn Generationen, von 1564 bis 1935, umfaßt, und die heute im Nachlaß Janßen-Sillenstede in der Bibliothek des Schloßmuseums zu Jever als Kopie überliefert ist.

In den sechziger Jahren griff sodann der in Schortens ansässige Paul Bräuer die Frage der Herkunft und Geschichte der Familie Drentwede-Drentwett erneut auf. Er wertete erstmals das Oldenburger Urkundenbuch und die Oldenburger Jahrbücher aus und erstellte ebenfalls eine Stammtafel, die im Nds. Staatsarchiv in Oldenburg verwahrt wird und die neun Generationen umfaßt[3]. Aufgrund des Urkundenbuchs belegt er das erste Auftreten des Familiennamens in Hasbergen bei Delmenhorst im Jahr 1466[4] und kann den Stammvater Jacob bis zum Jahr 1527 – als Kaplan der Grafenwitwe Anna in Oldenburg – und 1528 – als ersten lutherischen Pfarrer in Wardenburg – zurückverfolgen[5]. Bräuer weist auch auf den in Jever verbliebenen Zweig der Familie hin, erstaunlicherweise erfaßt er jedoch nicht die im 19.Jahrhundert in Augsburg tätige Medaillenprägeanstalt von Carl Drentwett, die ihn offensichtlich nicht interessierte[6].
Er bezieht sich aber auf den Drentwett-Forscher Emil Hofmann, mit dem er anscheinend in Kontakt stand, und auf die von diesem nachgewiesenen Drentwett-Generationen. Bräuer publizierte seine Ergebnisse 1963 im „Jeverschen Wochenblatt", er schloß seine Forschungen 1973 ab und starb 1987.

Die jüngste und in ihrer Knappheit informativste Übersicht zur Sippe Drentwett, die sich allerdings auf das Werk der Goldschmiedefamilien beschränkt und die Medailleure nicht erfaßt, enthält der Ausstellungskatalog „Silber und Gold – Augsburger Goldschmiedekunst für die Höfe Europas", der im Jahr 1994 zur gleichnamigen Münchner Ausstellung erschien. In den von Annette Schommers im Anhang verfaßten Kurzbiographien, die den neuesten Stand der Forschung repräsentieren, sind neun Vertreter des Geschlechts Drentwett vom 16. bis zur Mitte des 18.Jahrhunderts verzeichnet, die sich ohne Ausnahme in die von Emil Hofmann erstellte Stammtafel einordnen lassen.

Im folgenden Beitrag wird nun versucht, weitere Belege zur frühen Geschichte und zum Umfeld der Familie anhand von bekanntem und unausgewertetem Quellenmaterial zu liefern. Zu diesem Zweck werden die Pastorei in Schortens als Geburtshaus des Balduin Drentwede und die Grabplatte des Jakob Drentwede in der Kirche zu Schortens erstmals in präzisen Abbildungen wiedergegeben. Die Besprechung von vier Medaillen, von denen die auf den Stammvater Jacob Drentwede die früheste und die Kölner Dommedaille von 1880 eine der spätesten bilden, soll gleichsam diesen „Produktionszweig" der Familie, deren Mitglieder in erster Linie als Goldschmiede Berühmtheit erlangt haben, repräsentieren.

Zur frühen Geschichte und zum Ursprung der Familie
Seit der Veröffentlichung des Aufsatzes von Georg Janßen ist bekannt, daß der Name der Familie auf das etwa vierzig Kilometer südwestlich von Bremen in der früheren Grafschaft Diepholz gelegene Dorf Drentwede zurückgeht. Herkunftsnamen dieser Art sind nicht ungewöhnlich, sie entstanden im späten Mittelalter wie in der frühen Neuzeit in größerer Zahl, wobei fremde Zuwanderer nach ihrem Heimatdorf oder -land benannt wurden. Der Name des Dorfes erscheint als „Drencwede" erstmals im Jahr 1334 im Diepholzer Urkundenbuch. Dort heißt es „...domum borchardi in Drencwede quam colit eylhardus prout sita est in parochia bernstorpe..." Danach gab es also in Drentwede im Pfarrsprengel Barnstorf das Anwesen eines gewissen Burchard, das von Eilhard

bewirtschaftet wurde. Die irrtümliche Verwendung des Buchstabens „c" anstelle des „t" im Ortsnamen geht wahrscheinlich auf eine durch die Abschrift bedingte Verwechslung der gotischen Frakturlettern zurück.

Damit erscheint der Name des Dorfes in den Diepholzer Quellen gut 130 Jahre früher als der Name der Familie im Oldenburger Urkundenbuch, der dort erst für 1466 belegt ist[8]. In diesem Jahr nämlich stiften drei namentlich bezeichnete Bremer Bürger eine Memorie für das Kloster Blankenburg bei Oldenburg. Sie verkaufen den Nonnen des dortigen Augustinerinnenklosters eine Jahresrente von 14 Groten aus ihren Gütern zu Hasbergen bei Delmenhorst, zu denen auch vier „kotweren" gehören. Eine dieser Köttereien wird von einem „Drent Vede" bewohnt. Damit entspricht die früheste Erwähnung des Familiennamens in Hasbergen bzw. Blankenburg, wo die Urkunde ausgestellt wurde, nahezu genau dem heutigen Ortsnamen.

Das erste urkundliche Auftreten der hier in Frage stehenden Theologen- und Künstlerfamilie und ihres Stammvaters, des Pastors Jacob Drentwede, ist auch von Bräuer schon nachgewiesen worden[9]. Im November des schon genannten Jahres 1527 nämlich schickt die Grafenwitwe Anna von Oldenburg, eine geborene von Anhalt-Bernburg, in einer nicht näher bezeichneten Mission ihren „...capellan und leven getruven heren Jacob Drentwedel..." zu Verhandlungen an den Fürstenhof zu Anhalt, an dem sie aufgewachsen und mit dem sie durch ihre Mutter und Schwester Margarethe eng verbunden war. Mit dieser Urkunde und der späteren Notiz von 1528 im Oldenburger Jahrbuch 5 über die Berufung des Pastors Jacob von Wardenburg nach Schortens verfügen wir über sichere Daten und können die Augsburger Mitglieder der Sippe anhand der Stammtafel von Hofmann und Breuer nun mühelos verfolgen. Zwar gab es außer in Oldenburg, Schortens und Jever um die Mitte des 16. Jahrhundert in Nordwestniedersachsen noch weitere Namensträger Drentwede, wie den Geschworenen Hinrich von Drentwede, der 1570 in einer Prozeßakte wegen eines Totschlags im Amt Delmenhorst genannt wird[10]; sie dürften den gleichen Ursprung haben wie die Pastorenfamilie des Jacob, sind jedoch hier nicht von unmittelbarem Interesse. Sie zeigen aber den frühen Aktionsraum der Sippe Drentwede nördlich ihres gleichnamigen Ursprungsortes in der Grafschaft Diepholz auf. Die Stationen und die Richtung ihrer Wanderung nach Nordwesten sind sodann mit den Ortsnamen Hasbergen, Oldenburg, Wardenburg, Schortens und Jever chronologisch und geographisch bezeichnet.

Das Pfarrhaus in Schortens
Einem glücklichen Zufall ist es zu verdanken, daß das Pfarrhaus in Schortens, in dem Balduin Drentwett geboren wurde, in einer Fotografie überliefert ist, die jetzt im Schloßmuseum zu Jever verwahrt wird. Wir geben das Haus, das um die Jahrhundertwende abgebrochen wurde, hier in einer Umzeichnung wieder (Abb.1). Das Wohngebäude dokumentierte den Typus des Friesischen Steinhauses, das, aus Backsteinen errichtet, mit zwei Staffelgiebeln und einem steilen Satteldach, in den Marschgebieten der Nordseeküste zumeist in Verbindung mit einem bäuerlichen Betrieb in Form eines Mittelhauses und der sogenannten Gulfscheune auftrat. Das Steinhaus ist vom Ursprung her ein herrschaftlicher Haustyp und erscheint früh auch als Wohnsitz für Kleriker, hohe Beamte und kleine Territorialfürsten[11].

Abb. 1:
Das Geburtshaus des Balduin Drentwett in Schortens

Neben den kirchlichen Einkünften bildete im 16. und 17. Jahrhundert ein Bauernhof in der Regel die wirtschaftliche Basis einer Pfarrstelle. Die äußere Gestalt eines Pfarrhauses der Küstenmarsch, das hier im Kern noch spätmittelalterlich gewesen sein dürfte, war um 1550 zumeist durch die Renaissance geprägt. Das kam vor allem in den gemauerten Pfeilern der Giebelstaffeln sowie im Inneren durch den bauplastischen Schmuck aus Sandstein und durch bildhauerisch bearbeitete Kamingesimse und -wangen zum Ausdruck. So ist auch für den „Saal" im Obergeschoß des Pfarrhauses in Schortens durch das „Inventarium" von 1829 ein Kamin nachgewiesen[12]. Das Gebäude dürfte in seinem älteren Teil noch aus dem Ende des 15. oder dem ersten Drittel des 16.Jahrhunderts gestammt haben: Der Zierverband aus diagonal gestellten Backsteinen unter der Traufe ist ein weit verbreitetes Detail der späten Gotik.

Der Grabstein des Jacob Drentwede
Das von den Autoren Janßen und Bräuer zitierte Drentwede-Wappen, laut Bräuer „ein rotes Eichhörnchen auf Dreiberg mit silberner Nuß" erscheint erstmals auf der Grabplatte des Jacob Drentwede in der Kirche zu Schortens (Abb.2). Die ursprünglich im Fußboden befindliche und durch Abnutzung gefährdete Platte ist seit der Renovierung von 1975 hinter dem Lettner an der südlichen Chorabschlußwand aufgestellt und seit diesem Zeitpunkt in voller Länge sichtbar. Der Verstorbene ist im Amtsgewand der Zeit ganzfigurig und mit gefalteten Händen liegend wiedergegeben, wobei zu Seiten seines Hauptes links das Wappen und rechts eine Hausmarke angeordnet sind. Der durch jahrhundertelange Abnutzung unerkenntlich gewordene Kopf gibt keinen Aufschluß über die Persönlichkeit des Dargestellten und besitzt nicht die physiognomische Prägnanz, wie sie uns auf der Medaille des Balduin Drentwett entgegentritt (Abb.3). Es ist anzunehmen, daß die Platte von einem lokalen Steinmetzen und nicht etwa von einem Mitglied der in Jever tätigen Antwerpener Hagart-Werkstatt, die 1564 das Edo-Wiemken-Denkmal in der dortigen Stadtkirche fertiggestellt hatte, geschaffen wurde. Die nach unten verjüngte Buntsandsteinplatte, die ursprünglich als Sarkophagdeckel gedient hatte, trägt, beginnend oben links, in schlanken Renaissance-Versalien die folgende Inschrift:
✿ DOMINVS • IACOBVS • DRENTWE (DIVS)✿ PASTOR • ECCLESIAE • SCHORTENSIS • ET • WARDENBVRGENSIS • OBIIT • DIEM ✿ SVVM • PRIDIE ✿ VITI • MARTYRIS• ANNO • 1564 • QUIESCAT • ANIMA • PIVS • IN • PACE.
Diesem Text, der mit der selbstbewußten Bezeichnung „Dominus" beginnt, ist zu entnehmen, daß Jacob Drentwede in Wardenburg und Schortens als Pastor tätig war und daß er am Vortage des Märtyrers Veit, dem 14. Juni, im Jahr 1564 starb. Er schließt mit der üblichen Formel, daß er frommen Herzens in Frieden ruhen möge.

Die Platte ist aus rotem Miltenberger Sandstein gefertigt. Die zugehörigen monolithischen Sandsteinsärge wurden, wie der Deckel auch, im 12. Jahrhundert zusammen mit dem Baumaterial Tuffstein auf dem Wasserweg rheinabwärts transportiert und in Utrecht und Campen als Rückfracht für dorthin gelieferte Waren zu den Häfen der friesischen Nordseeküste verschifft. Die erhaltene Nordwand der Schortenser Kirche belegt bis heute die Verwendung des Baumaterials Tuffstein im Jeverland. So handelt es sich

Abb. 2:
Grabplatte des Jacob Drentwede von 1564 in der Kirche zu Schortens

auch bei der Grabplatte um ein Importprodukt und um die Wiederverwendung eines ursprünglich ornamentierten romanischen Sarkophagdeckels, wie er noch heute an der Nordwand des Kircheninneren in einem schönen Beispiel enthalten ist. Hans Wilhelm Grahlmann hat unlängst acht derartige Sarkophagplatten – in toto oder als Fragmente – für Schortens nachgewiesen[13]. Die wenig pietätvolle Umnutzung eines Grabmonuments aus dem 12. Jahrhundert wirft ein Schlaglicht auf die Persönlichkeit des Jacob Drentwede: Es war hier wohl eher der Wunsch nach renaissancegemäßer Selbstdarstellung als eifernde Mißachtung eines vorreformatorischen Grabes, was den Gottesmann zu solchem Tun veranlaßte. Die Nachkommen des Jacob in Augsburg übernahmen später das Eichhörnchen in ihr Wappen, wie der Totenschild in den dortigen Städtischen Kunstsammlungen dokumentiert, und auch die Meistermarken der Goldschmiede Drentwett verwenden das Symbol in stilisierter Form[14].

Die Medailleure Balduin, Gottfried und Carl Drentwett
Die hier zu besprechenden Medaillen von 1557, 1849 , 1864 und 1880 bezeichnen exemplarisch den Beginn und das Ende des künstlerischen Schaffens der Familie Drentwett auf dem Gebiet der Medaillen- und Stempelschneidekunst. Sie stehen zugleich für einen Höhepunkt dieses Kunstzweiges in Deutschland und für seinen Niedergang in der Epoche des Historismus.

Im ersten vorzustellenden Beispiel von 1557, das in Augsburg gefertigt worden sein muß, gibt Balduin Drentwede/Drentwett bereits eine erstaunliche Probe seines Könnens (Abb.3). Es handelt sich um einen einseitigen Bleiguß, der nach einem Buchs- oder Wachsmodell hergestellt worden sein muß. Er zeigt den Stammvater Jacob als Brustbild in Vorderansicht und in der für protestantische Pastoren des 16. Jahrhunderts üblichen Amtstracht. Die Enface-Darstellung wurde von deutschen Renaissance-Künstlern auf Schaumünzen und in der Tafelmalerei ungleich stärker gepflegt als von italienischen, die das Profil bevorzugten. Das belegt eine der Inkunabeln der deutschen Schaumünzen, Dürers Lukrezia von 1508, das belegen auch die Frauenbildnisse des Domenico Veneziano. Hofmann vermutete, daß die Medaille nach einer Vorlage gefertigt wurde, die noch in Schortens entstanden sein könnte. In der Tat war Balduin im Jahr 1557 noch in seinem Elternhaus bzw. in Jever, wo er, nach Gründung der dortigen Goldschmiede-Innung 1551, frühestens mit dreizehn Jahren 1558 seine Lehre angetreten haben könnte[15].

Das Porträt des Vaters Jacob gibt einen Mann wieder, in dessen nachdenklichem Antlitz Introvertiertheit mit Güte gepaart sind; es ist ein überaus lebendiges, psychologisch aufschlußreiches Konterfei, durch das die Begabung des Sohnes schon deutlich zu werden scheint. Diese Medaille steht ganz in der Tradition der deutschen Frührenaissance. In ihrer Geschlossenheit und Abstraktion ist sie den Meisterwerken eines Hans Schwarz oder Albrecht Dürer durchaus vergleichbar.

Dagegen vertritt das zweite hier wiedergegebene Beispiel, eine Schaumünze der „Prägeanstalt" von Carl Drentwett aus dem Jahr 1849 auf die Schlacht in der Eckernförder Bucht, gleichsam eine künstlerische Antithese zum Werk von 1557 (Abb.4). Sie zeigt auf

Abb. 3:
Jacob Drendtwedt 1557
Staatliche Münzsammlung München

Abb. 4:
Gottfried Drentwett
Silbermedaille auf die Schlacht in der Eckernförder Bucht 1849

Abb. 3:
Carl Drentwett
Silbervergoldete Medaille auf die Fertigstellung des Kölner Doms 1880

der Vorderseite links die dänische Fregatte Gefion und rechts das brennende Linien-schiff Christian VIII., und sie ist, wiewohl in der Tendenz klassizistisch, in ihrer erzähleri-schen Fülle noch der Marinemalerei des 17. und 18. Jahrhunderts verpflichtet. Unter einer Basisleiste ist die Medaille links bezeichnet „DRENTWETT F.", dabei kann es sich nur um den 1817 geborenen Gottfried Drentwett, den Gründer der Prägeanstalt, han-deln[16]. Die Rückseite trägt in einem äußeren Kreis eine pathetische Sentenz auf den deutschen Sieg und in der Mitte einen Schild in den heraldischen Farben SchwarzRotGold. Das Feld ist von einem gotisierenden Rundbogenfries gefaßt und mit dekorativem Ran-kenwerk gefüllt. Der stilistische Zwiespalt von Vorder- und Rückseite ist unübersehbar: Vertritt die Vorderseite in ihrer malerisch-epischen Auffassung den nicht mehr zeitgemä-ßen Stil des 18. Jahrhunderts, so kündigt sich in der Neugotik und in der dekorativen Fülle der Rückseite der zeitgenössische Historismus an.

Das dritte Beispiel, die Kölner Dommedaille von 1880, ist dagegen bei aller Unverein-barkeit der Inhalte stilistisch konsequent (Abb.5). Die Repräsentation eines vielgliedri-gen Sakralgebäudes – noch dazu perspektivisch – und eines gotischen Altarbildes auf einer Schaumünze erscheint widersprüchlich und die stilistischen Mittel, die perspek-tivische Wiedergabe und das Hochrelief, sind einer solch kleinen Kunstform nicht ge-mäß. Dennoch ist dieses Erzeugnis in sich stimmig und in seiner technischen Perfek-tion zeittypisch. Auf der Vorderseite präsentiert sich die Darstellung des fertiggestell-ten Doms von Südosten mit Südquerhaus im Vordergrund sowie mit Chor und Tür-men im Hintergrund[17]. Die Umschrift weist auf den Baubeginn von 1248 und die Fer-tigstellung von 1880 hin, eine winzige Bezeichnung mit dem Namen DRENTWETT rechts auf den Entwerfer und Stempelschneider. Die Rückseite stellt sich als ein Ver-such dar, das bekannte Altarbild der Anbetung der heiligen drei Könige von Stephan Lochner, das im Dom verwahrt wird, in ein Relief zu übersetzen.

Mag man die skulpturalen Stilmittel für die Vorderseite, die ja Architektur repräsentiert, noch akzeptieren, auf der Rückseite mit dem Dombild wirken sie zwiespältig. Eine derart figurenreiche Inszenierung ist mit einer Kunstform, die auf Reduktion und äußer-ste Disziplin angelegt ist, im Grunde unvereinbar. Wenn die Rückseite dennoch ein so hohes Maß an Geschlossenheit erreicht, wenn sie gar den Rang eines Kunstwerks besitzt, so ist das nicht zuletzt der zentralen Komposition und dem hieratischen Bild-aufbau des Meisterwerks von Stephan Lochner zu danken. In ihrer imponierenden technischen Perfektion ist diese Schaumünze ein bezeichnendes Produkt des Histo-rismus, mit dem die über dreihundert Jahre währende Tradition der Medailleure und Goldschmiede Drentwett ihr Ende findet.

Das gilt auch für die messingvergoldete Medaille von Carl Drentwett aus dem Jahr 1864 zur Einweihung der Bremer Börse, die wir zum Schluß hier vorstellen (Abb.6). Ihre Vorderseite trägt die perspektivische Darstellung des neugotischen Börsen-gebäudes am Markt zwischen Roland und Bürgerhäusern, und ihre Gestaltung weist offensichtliche Parallelen zum gleichzeitigen Bremer Börsentaler von 1864 auf.

Abb. 6:
Carl Drentwett
Messingvergoldete Medaille auf die Einweihung der Bremer Börse 1864

Anmerkungen:

1 Georg Janßen, Heimatgeschichtliche Entdeckung bei der Sippenforschung, Wilhelmshavener Kurier vom 5. September 1938. Vgl. auch Nachlaß G. Janßen im Schloßmuseum Jever mit einem Schreiben von P. Grotemeyer, Staatliche Münzsammlung München, mit Datum vom 12. Dezember 1938.
2 E. Hofmann, Ein Schortenser begründete die Augsburger Goldschmiede-Dynastie Drentwede. Jever, Der Historienkalender auf das Jahr 1955.
3 Stammtafel Jakob Drentwede in der Bibliothek der Oldenburgischen Gesellschaft für Familienkunde, Nds. Staatsarchiv Oldenburg. Vgl. auch P. Bräuer, Der Goldschmied Balduin Drentwede, Beilage zum Jeverschen Wochenblatt Nr. 48/1965. Bräuer zitiert in seiner Stammtafel auch die von Jacob Drentwede 1548 verfaßte theologische Streitschrift „Der Prediger im Jeverland, Bedenken und Confession wider das Interim". Diese befindet sich als Manuskript unter der Signatur XI Cb 1 in der Bibliothek des Marien-Gymnasiums zu Jever, sie ist jedoch im diesbezüglichen Findbuch des Niedersächsischen Staatsarchivs Oldenburg nicht aufgeführt.
4 Oldenburger UB IV, Nr. 815.
Eine kürzlich durchgeführte Uberprüfung der Bremischen, Ostfriesischen und der Osnabrükker Urkundenbücher auf das Vorkommen des Namens Drentwede verlief negativ.
5 Vgl. W. Hayen, Die Wallfahrtskirche Unserer lieben Frau in Wardenburg, Oldenburger Jahrbuch 5, 1896; Hayen zitiert auf S.96 das „Jeversche Predigergedächtnis" von M.B. Martens aus dem Jahr 1785: „Der erste bis dahin an ihr angestellte lutherische Prediger, Jacob Drentwedius, folgte alsbald einem Rufe zur Oberpredigerstelle in Schortens." Vgl. auch Karl Sichart, Stichwortverzeichnis zum Oldenburger Jahrbuch, Oldenburg 1965, Stichwort Drentwede.

6   Vgl. hierzu den Katalog „Sammel-Liste über die aus der G. Drentwett'schen Prägeanstalt in Augsburg hervorgegangenen Medaillen und Denkmünzen", Augsburg 1897. Der Begründer der „Prägeanstalt", Gottfried Benedikt Christoph, wurde am 14.11.1817 in Augsburg geboren und am 16.11. desselben Jahres in der Barfüßerkirche getauft (Frdl. Mitteilung des Archivs der Evang.-Luth. Gesamtkirchenverwaltung, Renate Mäder, vom 28.5.1998). Sein Vater war der „Silberarbeiter" Johann Gottlieb Drentwett (1792-1869), der älteste Sohn des Jacob Gottlieb Drentwett (1757-1810), der in der Stammtafel von E. Hofmann in der neunten Generation verzeichnet und damit ein direkter Nachfahre des Stammvaters Jacob aus Schortens ist. Weitere Informationen zu Gottfried und Carl Drentwett enthält das Werk „Chr. Lange's Sammlung schleswig-holsteinischer Münzen und Medaillen" Band 1, Berlin 1908, S. 252f.

7   Diepholzer UB, Nr. 33, Hannover 1842.

8   Anm.4

9   P. Bräuer (wie Anm. 3) und Oldenb. UB III, Nr. 420.

10 Oldenburger Jahrbuch 10/1901, S. 218.

11 Vgl. hierzu K. Asche, Das friesische Steinhaus, in: Einblicke-Forschungsmagazin der CvO-Universität Oldenburg, Nr.25/1997. Die Photographie der Pastorei wurde erstmals publiziert von H.W. Grahlmann in der Festschrift „800 Jahre Kirche Schortens 1155-1955", Schortens 1955. Beim Abbruch des Hauses im Jahr 1900 wurde das Kellergewölbe zerschlagen und der Keller mit dem Schutt gefüllt. Augenzeugen des Abbruchs waren der Zimmermeister Hinrich Janssen sowie seine Gesellen August Rastede und Borg Bohlken, die dabei selbst Hand anlegten, wie sie H.W. Grahlmann noch im Jahr 1946 persönlich mitteilten. Das neue, jetzt bestehende Pfarrhaus wurde auf der Stelle der früheren Scheune errichtet. Die Fundamente des alten Pfarrhauses sind durch Grabungen leicht nachzuweisen.

12 Inventarium der sämtlichen geistlichen Gebäude zu Schortens, aufgenommen am 10. Juli 1829. Archiv des ev.-lutherischen Oberkirchenrats in Oldenburg. Auf Seite 24 ist eine Studierstube erwähnt, auf Seite 25f. folgt die Beschreibung von Kirchenarchiv und Saal im Obergeschoß der Pastorei.

13 H.W.Grahlmann, Einige Besonderheiten an der St. Stephanus-Kirche zu Schortens. Jever, Der Historien-Kalender auf das Jahr 1997.

14 Ausstellungskatalog ,,Silber und Gold - Augsburger Goldschmiedekunst für die Höfe Europas". Bayerisches Nationalmuseum, München 1994, Anhang Seite VII Nr. 256.

15 E. Hofmann (Anm.2), S. 42. Unter den zu dieser Zeit in Jever tätigen Goldschmieden erwähnt G. Müller-Jürgens die Namen Johann 1547, Sibrand 1550 und Drewesen 1577. Der letztgenannte Name könnte aus Drentwede verbalhornt sein, und es hat möglicherweise ein Vertreter dieser Familie in den siebziger Jahren in Jever gearbeitet, bei dem Balduin gelernt haben könnte. Vgl. G. Müller-Jürgens, Jeversche Goldschmiedekunst, in: Friesland, Ein Heimatbuch für die Friesische Wehde, Varel, das Jeverland und Wilhelmshaven. Jever 1950, S. 569.

16 Vgl. Chr.Lange (Anm.6), S. 85 und Abb.186.

17 Vgl. hierzu G. Biegel, Dommedaillen: Symbol und Vermarktung. Ausstellungskatalog „Der Kölner Dom im Jahrhundert seiner Vollendung" Band 1, Köln 1980, S. 236ff. Hier ist unter den wiedergegebenen 40 Medaillen die Prägeanstalt C. Drentwett mit zwei Prägungen des vollendeten Domes vertreten. Diese wurden laut Verkaufsliste der Firma (Anm.6) noch 1897 für nur zwei (Gold)mark angeboten. Dagegen wird die hier vorgestellte Medaille in vergoldeter Ausführung heute für weit über hundert Mark gehandelt.

Elfriede Heinemeyer

DIE KRÖNUNGSMEDAILLE DES „WINTERKÖNIGS"

„Kunstwerk des Monats" für den November 1975 im Landesmuseum Oldenburg

Seit vielen Jahren stellt das Landesmuseum Oldenburg jeweils monatlich das sog. Kunstwerk des Monats aus; die Nordwest Zeitung in Oldenburg berichtet mit einem Zeitungsartikel darüber.

Im November 1975 war es die Medaille, die zur Erinnerung an die Krönung des Kurfürsten Friedrich V. von der Pfalz zum König von Böhmen geprägt wurde. Die Feierlichkeiten fanden am 4. November des Jahres 1619 in Prag statt. Diese Medaille befindet sich in den Beständen des Landesmuseums Oldenburg. Autorin des Begleittextes, abgedruckt in der Nordwest Zeitung am 8.11.1975, ist Frau Dr. E. Heinemeyer.

Wegen der künstlerischen und geschichtlichen Bedeutung der Medaille soll sie abgebildet und ein Nachdruck des Begleittextes erfolgen. Es stellt sich die Frage, ob die hier vorgestellte Medaille einen Bezug zur oldenburgischen Landesgeschichte hat:

Der damals in Oldenburg regierende Graf Anton Günther sollte wie andere protestantische Fürsten in Deutschland auch in die böhmische Sache hineingezogen werden. Im Vertrauen auf Hilfe von protestantischer Seite hatten die böhmischen Stände den Kurfürsten Friedrich zum König von Böhmen gewählt und gekrönt. Graf Anton Günther erhielt von diesem Ereignis eine förmliche offizielle Mitteilung mit der gleichzeitigen Bitte, der böhmischen Krone mit Rat und Tat beizustehen. Es kann angenommen werden, dass die Medaille zusammen mit der offiziellen Mitteilung über die Krönung in Oldenburg übergeben wurde, gleichsam zur Bestätigung der stattgefundenen Ereignisse. Die Krönungsmedaille wird also wahrscheinlich damals am Grafenhof Anton Günthers vorgelegen haben. Dass Graf Anton Günther trotzdem seine strikte Neutralitätspolitik beibehielt, sei noch erwähnt.

Neben der hier vorgestellten Krönungsmedaille hat der Medailleur Christian Maler noch eine zweite Version mit dem Doppelportrait des König Friedrich und der Königin Elisabeth (Stuart) geschaffen (siehe Literaturverz. zu 3.).

„Die Medaille zeigt auf der Vorderseite das Brustbild des „Winterkönigs" im Profil sowie eine Umschrift, die ihn als König von Böhmen ausweist. Der Dargestellte trägt einen prächtig verzierten Harnisch, dessen Löwenmaske als Allusion auf den neuen Herakles aufzufassen ist, der in der Gestalt Friedrichs V. erschienen ist. Die fein gefältelte

Halskrause entspricht der zeitgenössischen Mode. Auf dem Abschnitt des Armes ist die Signatur des Medailleurs CM = Christian Maler sichtbar. Die Mitte der Rückseite wird von der Devise des Kurfürsten eingenommen, einer von fünf Armen getragenen Krone mit der Beischrift: Dante deo et ordinum concordia. Der Text nennt das Krönungsdatum des unglücklichen Königs, dessen kurze Regierungszeit ihm den Namen „Winterkönig" eintrug.

Krönungsmedaille von 1616

Friedrich V. von der Pfalz stand im Mittelpunkt des böhmisch-pfälzischen Krieges, der sich aus einem ursprünglich lokalen Streit zwischen den Ständen und dem Hause Habsburg entwickelt hatte. Von seiner ehrgeizigen Gemahlin Elisabeth Stuart, einer Tochter Jakobs I. von England, getrieben, nahm er die Wahl zum König von Böhmen durch die protestantischen Stände an und setzte sich damit in schärfsten Widerspruch zu Kaiser Ferdinand. Am 31. Oktober 1619 zog der Kurfürst mit einem 569 Personen zählenden Gefolge in Prag ein, und vier Tage später fand die Krönung im St.-Veits-Dom statt. Es hat sich ein zeitgenössischer Kupferstich erhalten, der in zehn Bildern die einzelnen Szenen der prunkvollen Zeremonie wiedergibt, und vermutlich wurde die Medaille an alle Teilnehmer zur Erinnerung verteilt. Die Herrschaft des neuen Königs war jedoch nur kurz, fast genau ein Jahr später, am 8. November 1620 wurde das böhmische Heer in der Schlacht am Weißen Berge von den kaiserlichen Truppen vernichtet, und Friedrich V. mußte das Land verlassen.

Immer hatten Münzbilder die Aufgabe, an ganz bestimmte historische Ereignisse zu erinnern. Neben den eigentlichen für den Zahlungsverkehr bestimmten Münzen entstanden schon während der römischen Kaiserzeit sogenannte Schaumünzen, die auf der Vorderseite mit dem Bild des Herrschers verziert waren und deren Rückseite Inschriften vorbehalten war, in denen seine Taten und Tugenden verherrlicht wurden. Mit dem neu erwachten Interesse für die Antike erlebte die Medaille in der Renaissance ihre höchste Blüte. Medailleure und Stempelschneider konnten hier weitaus mehr Wert auf eine reiche Ausgestaltung und größere Plastizität legen als es bei einer Münze mit vorgeschriebenem Gewicht und feststehender Größe möglich war.

Der Medailleur und Wachsbossierer Christian Maler, der die hier vorgestellte Schaumünze für Friedrich V. schuf, wurde 1578 in Nürnberg geboren, wo sein Vater den gleichen Beruf ausübte. Nach Reisen durch mehrere europäische Länder übernahm er 1607 die väterliche Werkstatt. In den Jahren 1625/26 geriet Maler in große Schulden und floh vor seinen Gläubigern nach Wien. Über sein weiteres Leben haben sich keinerlei Nachrichten erhalten, hier geben nur seine Arbeiten Auskunft. Ab 1636 muß sich Christian Maler in Lübeck aufgehalten haben, denn bis 1640 entstanden mehrere Medaillen für lübische Familien. Seine letzte nachweisbare Arbeit ist eine Schaumünze für Friedrich Wilhelm den Großen Kurfürsten und seine Gemahlin aus dem Jahre 1648."

Literaturverzeichnis:

1. Nordwest Zeitung Oldenburg Ausgabe vom 8. November 1975
2. Hermann Lübbing Graf Anton Günther 1583-1667 Ein Lebens- und Zeitbild, Oldenburg 1967
3. Katalog 51. Auktion Münzenhandlung Künker, Osnabrück. Sept. 1999 Losnrn. 1664 u. 1665

Fotonachweis:
Landesmuseum Oldenburg, Aufnahmen: H. R. Wacker

Hanfried Bendig

„UNBEKANNTE" OLDENBURGISCHE MÜNZEN AUS DEM JAHRE 1639.

Es geschieht nicht oft, daß Münzen der Neuzeit, vor allem, wenn es sich um Taler und Talerteilstücke handelt, einer Neubestimmung bedürfen. So ist es mir nun ein Vergnügen, die Münzserie des Grafen Anton Günther von Oldenburg (1603-1667) um einige wichtige Stücke zu bereichern, dafür aber die der Fürsten von Anhalt-Zerbst schmälern zu müssen.

Seit jeher wurden die Münzen auf den Tod der jungen Prinzessin Elisabeth von Anhalt-Zerbst im Jahre 1639 selbstverständlich nach Zerbst gelegt[1]. Diese Zuordnung möchte ich hier nun korrigieren.

Elisabeth war die Tochter des schon 1621 verstorbenen Fürsten Rudolf von Anhalt-Zerbst und seiner Gemahlin Magdalena, geborene Gräfin von Oldenburg, einer Schwester des Grafen Anton Günther. Diese hielt sich 1639 mit ihren Kindern Elisabeth, geboren 1617, und dem Erbprinzen Johann, geboren 1621, wegen des in ganz Europa tobenden Krieges schon seit einigen Jahren in Oldenburg auf. Johann Just Winkelmann schreibt darüber in seiner berühmten Oldenburgischen Chronik: „Solcher Gestalt hatte der ädle hochwerthe gleichsam aus ganz Teutschland ins Elend verjagte Friede seinen einigen Aufenthalt in der Grafschaft Oldenburg gesucht / und daselbst eine sichere Herberg gefunden. Bey solcher überhand genommenen Kriegsgefahr hatte die Fürstliche Frau Wittib / Frau Magdalena von Anhalt-Zerbst / geborne Gräfin zu Oldenburg / mit dero Herrn Sohn und Fräulein Tochter / Fürst Johansen und Fräulein Elisabeth / zu mehrer Sicherheit / vor etlichen Jahren nach Oldenburg sich begeben / und bey dero Herrn Brudern und Oheim / Herrn Graf Anthon Günthern / sich eine zeithero aufgehalten. Es wurde aber itzgedachtes Fräulein Elisabeth / als eine schöne Blume von allerley hohen Tugendfarben / in ihrer besten Blüte / im 22. Jahr ihres Alters auf den Pfingst-Montag den 3. Junii gegen Abend zwischen 8. und 9. Uhren / bey volständiger Venunft und anhaltendem Gebeth / von dem lieben Gott / nach seinem unerforschlichen Rath und Willen / abgebrochen / und zu Oldenburg in S. Lamberts Kirchen / mit ChristFürstl. Begängnis beygesetzet." [2]

Am 3. Juni 1639 starb also Anton Günthers Nichte Elisabeth von Anhalt-Zerbst, die dann in der Oldenburger Lamberti-Kirche beigesetzt wurde. Gerade eine Woche später, am 10. Juni verstarb seine Schwester Anna Sophia. Ich setze den Winkelmann-Text fort. „Eine Traur folget der andern. Hierbey hat es der fromme GOTT noch nicht wollen bewenden lassen / in dem Fräulein Anna Sophia / Herrn Graf Anthon Günthers hoch- und herzlich geliebte Fräulein Schwester den 10. Junii Morgens zwischen 2. und 3. Uhren im 60. Jahre ihres Alters / ohne einige Todsbewegung / sanft und selig entschlafen / und ist in das HochGräfliche Erbbegräbnis vorgedachter Hauptkirchen / mit gewönlichen Solennitäten beygesetzet worden...." [3]

Auf den Tod von Anna Sophia sind vom oldenburgischen Münzmeister Gerhard Dreyer(1637-1639) in der Münzstätte Jever einige Gedenkmünzen geprägt worden. Beschrieben wurden sie von Merzdorf (M. 212 und 213), Bendig (B. 21) und zuletzt von Kalvelage und Trippler (K. / T.) unter den Nummern 311 bis 317 [4)-6)].

Abb. 1:

Vs. u. Rs. Sterbe-Thaler 1639 auf Elisabeth von Anhalt Zerbst

Abb. 2:

Vs u. Rs. Sterbe-Thaler 1639 auf Anna Sophia von Oldenburg

Bekannt ist uns ein Satz Talerstempel. Ein Unterstempel mit dem dreifach behelmten oldenburgischen Wappen und zwei variierende Oberstempel mit Schrift. Hiervon gibt es Abschläge im Gewicht von doppelten, einfachen, dreiviertel und halben Talern. Hauptrar sind Abschläge vom Halbtalerstempel, von dem wir nur einen einfachen Stempelsatz kennen. Er hat beiderseits Schrift. Mein Stück ist für einen Halbtaler etwas zu schwer; es wiegt 16,24 Gramm.

Genauso gibt es auf den Tod von Elisabeth von Anhaft-Zerbst Sterbemünzen. Mann beschreibt drei Stempelpaare für den Taler und eines für Halbtaler (,,Halber Gulden").[1] Ob es wirklich drei Stempelpaare für den Taler gegeben hat, ist zu bezweifeln. Ich kenne nur das Stempelpaar für Mann 228a; dem entspricht allerdings fälschlicherweise die Abbildung für Mann 227! Diese Stücke tragen auf Vorder- und Rückseite nur Schrift. Hiervon sind jeweils nur wenige Stücke bekannt. Die von Mann beschriebenen Exemplare des Herzoglichen Münzkabinetts in Dessau scheinen verschollen zu sein. Burkhard Schauer, der zur Zeit die Münzen Anhalts im 17. Jahrhundert neu bearbeitet, kennt Taler in den Kabinetten in Berlin und Wien, sowie vom Halbtalerstempel Abschläge im Gewicht vom Vierteltaler in Berlin und im Gewicht von 10,6 g im Kabinett von Halle/Saale. Ein weiterer „Vierteltaler" ist bei Helbing im Februar 1927 (No. 17) vorgekommen. Dies Exemplar tauchte dann in der Auktion Künker 19 im März 1991 (No. 22) wieder auf. Das Gewicht entspricht allerdings mit 10,00 g nicht dem eines Vierteltalers, paßt aber in die ganze Gedenkmünzenserie mit ihren unregelmäßigen Gewichten. Möglicherweise ist dies Stück auch identisch mit dem Vorkommen bei Rosenberg in Frankfurt im November 1920 (No. 38), welches leider ohne Abbildung ist.

Wo und von wem sind diese Sterbemünzen nun geprägt worden? Wird die vormundschaftliche Regierung in Zerbst für die im fernen Oldenburg lebenden noch unmündigen Fürsten Johann und dessen Mutter auf den Tod der auch dort verstorbenen und beigesetzten Schwester Elisabeth Münzen geprägt haben? Wohl kaum; außerdem gab es im Fürstentum Anhalt-Zerbst zu dieser Zeit auch keine eigene Münzstätte.

Stellen wir also einmal die Münzen auf den Tod dieser beiden Frauen nebeneinander. Sogleich fällt auf, daß diese Münzen mit den Schriftseiten zum Verwechseln ähnlich sind. Nicht nur das: Bei einem Vergleich kann man mit Leichtigkeit feststellen, daß für alle Stempel die gleichen Punzen verwandt wurden. Besonders auffällig ist das runde, wie eine 2 aussehende Z, sowie die Mischung aus kleineren (z.B.: N, D, 0, G) und größeren Buchstaben (z.B.: A, X, V, P). Vom Buchstaben S scheint es zwei Punzen gegeben haben, eine kleinere und eine größere. Von der Punze mit einem kleineren „R" ist bei der Arbeit an diesen Stempeln unten links ein kleines Stückchen abgebrochen. Intakt ist das R auf dem ersten Rückseitenstempel von Anna Sophias Taler (K./T. 312) und der Rückseite des Talers von Elisabeth. Auf allen anderen Stempeln ist das „R" angeknackst. All diese Stempel sind also von einer Hand und in einem Arbeitsgang – offenbar auch noch in großer Eile – hergestellt worden. Wie sonst erklärt sich der Schreibfehler im Geburtsjahr 1617 von Elisabeth: MDCIVII anstatt MDCXVII.

Aus dem Rahmen fällt der schöne Vorderseitenstempel mit dem Wappen des Talers für Anna Sophia. Dieser ist von einer anderen – geschulten und geübten – Hand geschnitten worden. Hier wäre eher an eine Auftragsarbeit durch einen der bekannten Stempelschneider in Bremen, Johann Blum oder Caspar Schulze, zu denken.[7]

Die Münzen auf den Tod von Elisabeth von Anhalt-Zerbst können also – wie die auf den Tod von Anna Sophia von Oldenburg – nur durch den oldenburgischen Münzmeister Gerhard Dreyer in Jever geprägt worden sein.

Abb. 3 :

Vs. u. Rs. Sterbe-Halbthaler 1639 auf Elisabeth von Anhalt-Zerbst

Abb. 4 :

Vs. u. Rs. Sterbe-Halbthaler 1639 auf Anna Sophia von Oldenburg

Eindeutiger als durch diesen Stempelvergleich wie auch die biographischen Daten der beiden fast gleichzeitig verstorbenen oldenburgischen und anhaltinischen Fräulein kann nicht bewiesen werden, daß die Münzen auf den Tod von Elisabeth von Anhalt-Zerbst nach Oldenburg zu legen sind.

Bei meiner früheren Arbeit über die Münzen Graf Anton Günthers von Oldenburg fand ich in den Abschriften und Auszügen, die der Medizinalrat Willers von den jeverschen Münzakten gemacht hatte, zwar den Beleg, daß der Münzmeister Gerhard Dreyer „Gedächtnistaler" zum Tode von Anna Sophia geprägt hat.[8] Auf die Sterbemünzen Elisabeths fand ich dort keinen Hinweis. Mit Sicherheit wird aber diese Prägung dort belegt gewesen sein. Ich kann nur vermuten, daß Willers nicht die Bedeutung dieses Belegs erkannt hat und das ihm unbekannte Fräulein Elisabeth einfach unterschlagen hat.

Wir müssen also mit Fug und Recht diese scheinbar anhaltinischen Münzen für Oldenburg in Anspruch nehmen und die vorher schon erwähnte Standartliteratur um diese zwei neuen Münztypen erweitern.

Anmerkungen und Literaturhinweise:

1   Mann, J., Anhaltinische Münzen und Medaillen. Hannover 1907. S. 56, No.227/9
2   Winkelmann, Johan Just, Oldenburgische Friedens- und benachbarter Örter Kriegshandlungen. Oldenburg 1671. S.324
3   Winkelmann S.324
4   Merzdorf, J.F.L.Th., Oldenburgs Münzen und Medaillen. Oldenburg 1860
5   Bendig, Hanfried, Das oldenburgische Münzwesen zur Zeit des Grafen Anton Günther. Münster 1974
6   Kalvelage, Heinrich und Trippler, Hartmut, Münzen der Grafen, Herzöge und Großherzöge von Oldenburg. Osnabrück 1996
7   Gustav Rüthning in seiner Oldenburgischen Geschichte Bd. 1, Bremen 1911 schreibt, leider ohne Quellenangabe, daß diese Münzen in Eile geschlagen wurden. „Um schneller fertig zu werden, ließ man zu den verlangten vier Wappen einen der Stempel im Ammerland schneiden." (S. 526) Dies erscheint mir nicht glaubwürdig.
8   Willers, G., Aufzeichnungen zur Münzgeschichte Oldenburgs, Oldenburg ohne Jahr. (1930er Jahre) Bd. 3, S. 33 vorhanden im Staatsarchiv Oldenburg, Bestand 271, Titel 26,1-3. siehe Bendig S.7-8

Michael Reinbold

WOLFGANG HEIMBACH UND DIE MÜNZ-PORTRÄTS DES GRAFEN ANTON GÜNTHER

Zu den wenigen überregional bedeutenden Künstlern, die für Graf Anton Günther von Oldenburg (1583-1667) tätig waren, zählt der aus Ovelgönne gebürtige, taubstumme Maler Wolfgang Heimbach (ca. 1615-1678)[1]. Dieser verdankte nicht nur seine Ausbildung in den Niederlanden der Gunst des Oldenburger Grafen, sondern auch eine befristete Anstellung als Hofmaler im Jahre 1652. Nach Beendigung dieses halbjährigen Gastspiels wandte sich Heimbach an den königlich-dänischen Hof in Kopenhagen. Dort förderte ihn Friedrich III., dem er als einer von mehreren bestallten Hofmalern für die Dauer von neun Jahren diente. Von 1662 an war der Künstler wieder für etliche Jahre im heimatlichen Ovelgönne ansässig. 1663 bis 1667 arbeitete er nach Ausweis der oldenburgischen Kammerrechnungen gelegentlich für Graf Anton Günther. 1665 und 1666 zählte Heimbach zu dem aus 25 Personen bestehenden Kreis von Adressaten gräflicher Neujahrsgeschenke, woraus eine gewisse Bedeutung seiner Person für den Hof ersichtlich wird. In jenen Jahren beglich übrigens die gräfliche Kasse auch den Mietzins des Künstler. Aus Wolfgang Heimbachs offensichtlichem Anspruch auf unentgeltliches Wohnen ist zu konstatieren, daß er als Mitglied des Hofstaats galt. Darüber hinaus scheint er eine separate Entlohnung für jedes abgelieferte Gemälde in Höhe von zehn Reichstalern erhalten zu haben[2].

Vermutlich im Jahre 1664 malte Wolfgang Heimbach ein Brustbild des Grafen Anton Günther, dessen strenges Profil nach rechts darauf schließen läßt, daß diese Darstellung von vorn herein als Porträtvorlage für die gräfliche Münzprägung vorgesehen war und das „offizielle Bildnis" des achtzigjährigen Oldenburger Herrschers darstellte. Das Gemälde (und ebenso ein Gegenstück mit dem Porträt der gräflichen Gemahlin) befand sich bis 1737 im Oldenburger Schloß und wechselte von dort in die königlich-dänische Kunstkammer über.

Heute hängt es leider an sehr unvorteilhafter Stelle in einer Fensternische des Kopenhagener Schlosses Rosenborg. Es handelt sich um ein ovales Bildnis in den bescheidenen Abmessungen 25,6 x 19,6 cm, Öl auf Eichenholz[3]. 1995 war das Gemälde anläßlich der Sonderausstellung zur 650-Jahr-Feier der Stadt Oldenburg „Stadt und Residenz 1345-1918" im Landesmuseum ausgestellt[4].

Das außerordentlich qualitätvoll gemalte Bildnis zeigt ein offenbar sehr wahrheitsgetreu wiedergegebenes Greisengesicht, dessen ermattete Züge um hoheitliche Würde bemüht scheinen. Die schweren Lider sind offenbar nur unter Anstrengung gehoben (dem Betrachter scheint es, als würden sie sich lieber schließen wollen); über den Brauen wird dabei eine Vielzahl von parallelen Stirnfalten sichtbar. Die Mundwinkel sind gesenkt, was dem Gesicht einen skeptischen Zug verleiht; eine stark betonte

Nasolabialfalte und ein angeschwollen wirkender Tränensack tun das Ihre zur Betonung von körperlicher Hinfälligkeit und Altersmüdigkeit. Das schüttere weiße Haar des Porträtierten läßt dessen rechtes Ohr deutlich erkennen. Einer ostentativ aufrechten Körperhaltung zum Trotz wirkt der Brustkorb des Grafen bereits leicht eingefallen.

Abb. 1:

Wolfgang Heimbach: Bildnis des Grafen Anton Günter, um 1664 Schloss Rosenborg/

Dänemark, Foto E. Petersen/Kopenhagen

Das gleiche Bild erscheint in einer auf Kopf und Schulterkragenbereich reduzierten Form auf einem Dukat des Jahres 1664[5]. Das Stück ist zurückdatiert; es wurde erst 1665 in Jever unter dem Münzmeister Georg David Ziegenhorn (1663-1671 für Oldenburg tätig) geschlagen und dürfte kaum für den Umlauf, sondern eher für Geschenkzwecke angefertigt worden sein. Dafür spricht u.a. die Tatsache, daß nach dem Tod Graf Anton Günthers (19. Juni 1667) in seinem persönlichen Besitz noch 2066 „Stükke neugeschlagene ducaten mit Ihr. Hochgrfl. Gnd. Effigie [Bildnis]" gefunden wurden[6]. Der Dukat dürfte demnach eine etwas weniger kostspielige Variante der Konterfeibüchse gewesen sein, einer edelsteinverzierten kleinen Dose mit dem gräflichen Porträt auf der Schauseite, die gern an befreundete Fürsten oder auch hochverdiente Beamte verschenkt wurde[7].

Der unbekannte Stempelschneider („Eisenschneider") hat Heimbachs Vorlage sehr sorgfältig umgesetzt, wenn er auch des kleinen Münzformats (Durchmesser: 17 mm) wegen die Charakteristika des Profils noch etwas deutlicher herausmodellieren mußte. Insbesondere die kräftige Adlernase des Dargestellten, der eiförmige Schädel und der schwere Tränensack sind leicht übersteigert und dürften einen hohen Wiedererkennungswert garantiert haben. Für den Kunsthistoriker dürfte die Bedeutung dieser schönen Münze vorzugweise in der Datierungsgrundlage für die unsignierte Heimbachvorlage bestehen, denn die Reversseite gibt neben dem gräflichen Wahlspruch „Auxilium meum a domino" (Meine Hilfe kommt von Gott) das Präge- und erste Ausgabejahr „1664" an. Wurde die Münze auch (wie oben erwähnt) erst im folgenden Jahr geprägt, so dürfte das Gemälde doch wohl 1664 oder vielleicht auch 1663 – nämlich aus Anlaß des 80. Geburtstages des Grafen – geschaffen worden sein.

Anläßlich seines 62. Regierungsjubiläums im Jahre 1665 ließ Graf Anton Günther in Jever weitere Münzen mit seinem Porträt herstellen. Es handelte sich dabei um einen Reichstaler, der auch als Goldabschlag im Materialwert von 10 Dukaten (35 g) bzw. als Portugaleser geprägt wurde[8]. Wieder diente Heimbachs Profilbildnis von 1663/64 als Vorlage. Das größere Format (Durchmesser: 43 mm) erlaubte einen noch sehr viel feineren Stempelschnitt als auf der Münze vom Vorjahr, den der mit „IGP" signierende, dennoch leider bis heute nicht identifizierte Stempelschneider auch meisterhaft ausführte. Er nimmt freilich den Verismus des Gemäldes und des beinahe schon die Karikatur streifenden Dukatenbildnisses behutsam zurück. Der Kopf erscheint insgesamt etwas fülliger; das Alter des Dargestellten wird schwerer einschätzbar. Ergänzt wird das Porträt um ein bei Heimbach nicht vorhandenes besticktes Wehrgehenk, dessen Darstellung den privaten Charakter der Vorlage mindert und den Grafen als Standesperson ausweist.

Es ist offenkundig: der Graf rechnete mit seinem baldigen Ableben. Geburtstage wurden für ihn zu Ereignissen, die mit Hilfe von Bildnismünzen dokumentiert und der Nachwelt überliefert werden sollten. Anton Günther war sich der Tatsache sehr bewußt, daß sein Tod eine Zäsur in der oldenburgischen Geschichte bedeuten würde, sollte doch der dänische König sein Nachfolger im Amte werden. Dementsprechend erschien auch im folgenden Jahr – anläßlich des 83. Geburtstages und 63. Regierungs-

Abb. 2 :
Dukat von 1664, Vs. und Rs. LMO Inv.Nr.21.649

Abb. 3:
Reichsthaler 1665, Vs. und Rs.LMO Inv.Nr. 21.768

Abb. 4:
Portugaleser bzw. 10-Dukaten-Stück von 1666, Vs. und Rs.,
LMO Inv.Nr. 21.651

Abb. 5:
Reichsthaler von 1666, Vs. und Rs.,
LMO Inv.Nr. 21.650

jubiläums – wieder eine Gedenkmünze mit Bildnis[9]. Wieder als Reichstaler, aber auch als Goldabschläge im Wert von 5 und 10 Dukaten. Wolfgang Heimbachs Porträt fand erneut Verwendung und wurde diesmal im originalen Brustausschnitt, ergänzt um das bereits erwähnte Wehrgehenk, gezeigt. Allerdings war das Profil in einer ersten Version linksgekehrt, was es bis dato bei Anton-Günther-Porträtmünzen noch nie gegeben hatte. Der wiederum sehr sorgfältig und sauber arbeitende Stempelschneider bemühte sich um eine stärkere Plastizität des Basreliefs, woraus eine auffallende Betonung der Alterszüge resultierte, die Graf Anton Günther zutiefst mißfiel. Namentlich fiel die Wangenpartie stark hängend aus, während sich das Obergesicht zur zerfurchten Landschaft gewandelt hatte. Anton Günther ließ Münzmeister Ziegenhorn auffordern, die ,,vielen Runzeln" seines Bildnisses" in etwas (zu) remedieren" (zu vermindern)[10]. Es war nicht unbedingt nur persönliche Eitelkeit, die den Grafen veranlaßte, hier korrigierend einzugreifen, sondern wohl auch Sorge um die eigene Reputation. Die Altersmerkmale waren ein Politikum: Denn der unvoreingenommene Betrachter mochte aus einem solchen Porträt herauslesen, daß es sich beim gegenwärtigen Grafen von Oldenburg um einen durch und durch hinfälligen (und damit kaum mehr regierungsfähigen) Herrscher handelte.

Ziegenhorn ließ einen gänzlich neuen Stempel anfertigen, der allerdings von geringerer künstlerischer Qualität war als der erste. Anton Günther erscheint nun als zwar altgewordener, aber dennoch agiler Herrscher, der bei gerunzelter Stirn mit scharf visierendem Blick seine Umwelt registriert. Die Haare sind ein wenig länger geworden; das Brustbild ist wieder ordnungsgemäß nach rechts gekehrt. Von der Urfassung dieser Münze existiert heute offensichtlich nur noch ein einziges Exemplar sowie der originale Prägestempel der Vorderseite[11]. Es ist faszinierend zu vergleichen, wie weit sich (bei gesuchter formaler Übereinstimmung) diese Porträtauffassung von der Wolfgang Heimbachs entfernt hat: Heimbach stellt uns den Menschen Anton Günther im ganzen Elend seiner späten Jahre vor Augen. Die nach diesem Bildnis geprägte Münze von 1666 konfrontiert uns dagegen mit dem Wunschdenken des letzten Grafen von Oldenburg.

Anmerkungen:

1 Zu diesem: Christiane Morsbach: Die Genrebilder von Wolfgang Heimbach (1613-1678) (Oldenburger Forschungen Neue Folge, Bd. 9), Oldenburg 1999. Monika Kindel: Wolfgang Heimbach als Porträtist, in: Oldenburger Jahrbuch, Bd. 99, 1999. - Dies.: Studien zu Wolfgang Heimbach, ungedruckte Magisterarbeit, Münster 1996. Mogens Bencard (Bearb.): Den stumme maler wolffgang Heimbach, Særudstilling Juli 1980-Pasken 1981 (Ausstellungskatalog Schloß Rosenborg/DK), Kopenhagen 1980. Gertrud Schlüter-Göttsche: Wolfgang Heimbach, der Maler der Zeit Anton Günthers, in: Oldenburger Jahrbuch, Bd. 65, 1966, S. 1-25. -Gertrud Göttsche: Wolfgang Heimbach, Ein norddeutscher Maler des 17. Jahrhunderts (Forschungen zur deutschen Kunstgeschichte, Bd. 15), Berlin 1935.

2 Alle Angaben bei G. Göttsche 1935 (wie Anm. 1), S. 19. vgl. auch Niedersächsisches Staatsarchiv in Oldenburg (StAO), Best. 20-7, Nr. 2, fol. 17r (betr. Neujahrsgeschenke). - vgl. auch
   Michael Reinbold: „Der Unterthanen liebster Vater", Herrscherpropaganda und Selbstdarstellung in den Bildnissen des Grafen Anton Günther von Oldenburg (1583- 1667) (Oldenburger Forschungen Neue Folge, Bd. 3), Oldenburg 1997, S. 27f.

3 Michael Reinbold (wie Anm. 2), S. 49, Nr. 8a,b, Tafel S. 64.

4 vgl. Siglinde Killisch, Siegfried Müller (Hg.): Stadt und Residenz Oldenburg 1345-1918,
   (Ausstellungskatalog Landesmuseum Oldenburg), Oldenburg 1995, S. 76f. (mit Farbabb.).

5 Beschrieben bei Heinrich Kalvelage u. Hartmut Trippler: Die Münzen der Grafen, Herzöge
   und Großherzöge von Oldenburg, Osnabrück 1996, S. 204, Nr. 143 (m. Abb.). Ebenso bei
   Michael Reinbold (wie Anm. 2), S. 55, Nr. 31 sowie Taf. 5. 87. - Das Landesmuseum Oldenburg besitzt nicht nur ein Exemplar dieses Dukaten (LMO 21.649), sondern auch den originalen Prägestempel der Münzvorderseite (LMO 18.880).

6 StAO (wie Anm. 2): Best. 20-33 A 1, Nr. 2, fol. 95 (Schloßinventar von 1667, Juli 29.).

7 vgl. Michael Reinbold (wie Anm. 2), 5. 39-4 1 . - Konterfeibüchsen traten seit ca. 1650 zu-
   nehmend an die Stelle der bereits im 16. Jahrhundert sehr beliebten sog. Gnadenpfennige.
   Zu diesen allgem.: Lore Börner: Deutsche Medaillenkleinode des 16. und 17. Jahrhunderts,
   Leipzig 1981.

8 Heinrich Kalvelage u. Hartmut Trippler (wie Anm. 5), 5. 204f., Nr. 144 (Gold), 145 (Silber). -
   Michael Reinbold (wie Anm. 2), S. 42f., S. 56, Nr. 32 (Gold und Silber).

9 Heinrich Kalvelage u. Hartmut Trippler (wie Anm. 5), S. 205ff., Nr. 146 und 147-149. - Michael Reinbold (wie Anm. 2), S. 42f., S. 56, Nr. 33a.

10 Gustav Rüthning: Oldenburgische Geschichte, Bd. 1, Bremen 1911, S. 562.

11 Siglinde Killisch, Siegfried Müller, Michael Reinbold (Hg.): Oldenburg - Kulturgeschichte einer
   historischen Landschaft (Kataloge des Landesmuseums Oldenburg, Bd. 8), Oldenburg 1998,
   S. 206f., Nr. 23.11 und 23.13.

Bildnachweis: Landesmuseum Oldenburg Fotos: H.R. Wacker

Kurt Asche

OLDENBURGISCHE MÜNZEN IN DER SAMMLUNG DES GRAFEN LYNAR

Die bedeutendste oldenburgische Münzensammlung des 18. Jahrhunderts hatte den Adligen Rochus Friedrich Graf von Lynar, der von 1752 bis 1765 königlich dänischer Statthalter in Oldenburg war, zum Urheber. Die genaue Kenntnis der Sammlung verdanken wir einem Versteigerungskatalog mit dem Titel: „Verzeichnis einer Sammlung von Thalern, Medaillen und Münzen, sowohl silbernen, als goldenen, worunter sehr viele, zum Theil höchst seltene, welche den 2ten Jun. dieses Jahres zu Hamburg öffentlich an den Meistbietenden verkaufet werden sollen. 1766." (Abb.1). Der Titel des vermutlich in Hamburg gedruckten Kataloges und das Vorwort, das Hinweise auf das Gewicht der Stücke und auf die benutzte numismatische Literatur enthält, lassen keinerlei Rückschlüsse auf die Person des Sammlers zu.

Schon der oldenburgische Bibliothekar und Numismatiker Theodor Merzdorf hat in seinem 1860 erschienenen Buch „Oldenburgs Münzen und Medaillen" den Katalog als Quelle benutzt und dessen Titel in seiner ausführlichen Bibliographie unter dem Namen „Lynar" aufgeführt sowie sich bei zahlreichen Münzbeschreibungen auf Lynar bezogen. Zu seiner Zeit war also noch bekannt, daß es sich bei dem Urheber der Sammlung um den Grafen Lynar gehandelt hatte, denn das von Merzdorf benutzte, in der Landesbibliothek ehedem vorhandene und inzwischen verschollene Katalogexemplar war mit einem entsprechenden handschriftlichen Vermerk versehen[1]. Eine schon 1964 über die Fernleihe westdeutscher Bibliotheken eingeleitete Suche nach dem „Verzeichnis" führte zu keinem Ergebnis. Nach Einführung überregionaler Online-Kataloge und der Möglichkeit elektronischer Titelsuche zu Beginn der neunziger Jahre wurde jedoch 1997 auf Anhieb ein Exemplar der Schrift in der Universitätsbibliothek Tübingen gefunden, das sich nunmehr als Mikrofilm in der Universitätsbibliothek Oldenburg sowie als Xerokopie im Besitz des Verfassers befindet. Das Verzeichnis von 1766, das auf der Titelseite einen kreisförmigen Zierstempel mit den Initialen „UBT" sowie den handschriftlichen Besitzvermerk „C. Colmar. s.u.D." trägt, stellt sich als ein Oktavheft von 20 mal 12,5 Zentimeter Größe dar (Abb.1). Es hat einen Umfang von 342 Seiten sowie eine Schlußseite mit den „Errata", und das schon erwähnte kurze Vorwort weist unter anderem auf „Lilienthals Thaler-" und „Köhlers Ducaten-Cabinet", das erste in der Ausgabe von 1749, hin.

Die einzelnen Kapitel des Katalogs sind durch Überschriften wie folgt gegliedert:
Österreichisch-Kaiserliche,
Russisch-Kaiserliche,
Portugiesische und Spanische,
Französische,
Englische,
Schwedische,

Verzeichnis

einer

Sammlung

von

Thalern, Medaillen und Münzen, sowohl silbernen, als goldenen, worunter sehr viele, zum Theil höchstseltene,

welche

den 2ten Jun.

dieses Jahres

zu Hamburg

öffentlich

an den Meistbietenden verkaufet

werden sollen.

C. Colmar.
J. u. D.

1 7 6 6.

Abb. 1:
Titelbild des Kataloges der Sammlung Lynar

Dänische,

Polnische,

Kurfürstliche überhaupt mit Mainz, Bayern, Kursachsen und Brandenburg-Preußen,

Päpstliche,

Erzbischöfliche,

Bischöfliche und Äbte,

Fürstliche,

Braunschweig-Lüneburgische,

Fürstlich Sächsische,

Gräfliche,

Schweizerische,

Holländische,

Städtische, Miszellanea,

Gelehrte und Particuliers.

Die obige Reihenfolge stimmt mit der anderer numismatischer Werke aus der Mitte des 18. Jahrhunderts überein und stellt zugleich eine Rangfolge dar. Mehrere Abschnitte der obengenannten Kapitel sind nicht durchlaufend numeriert und weisen fehlende Ziffern auf, die zeigen, daß etliche Münzen vor Drucklegung des Katalogs aus der Sammlung entnommen wurden, worauf auch im Vorwort ausdrücklich hingewiesen wird. Dabei dürfte es sich um besonders rare Einzelstücke gehandelt haben, gleichwohl ist der auf 342 Seiten verzeichnete Rumpf der Sammlung immer noch beeindruckend. Darauf im einzelnen hier einzugehen verbieten die Umstände und der Platz. Für die Münzsammler unseres Raumes sind primär die in den Kapiteln „Erzbischöfliche", „Fürstliche", „Gräfliche" und „Städtische" enthaltenen Abschnitte über Bremen, Oldenburg, Jever und Ostfriesland von Interesse. Wir beschränken uns hier im Sinne unseres Themas auf oldenburgische Gepräge, die auf den Seiten 266 bis 268, 273, 277 und 279 verzeichnet sind und betrachten auch daraus nur wenige seltene oder bemerkenswerte Stücke. Dabei geben wir, soweit zutreffend, einen Verweis auf den Versteigerungskatalog von Peus 1954 oder das Verzeichnis von Wietek 1961[2]. Wir beginnen mit einer Auswahl aus den Seiten 266 bis 268, auf denen insgesamt 29 Nummern oldenburgischer Provenienz aufgeführt sind.

So beschreibt die Nummer 87 einen Flindrich des Grafen Gerhard des Mutigen wie folgt: „Altes so gen. Flünderchen mit der Oldenburgischen Stadt und in der Mitte dem Herrschaftl. Wapen. Moneta nova Oldenb. R. Ein Kreuz. Gheardi Com. Oldenb. ist vom Gr. Gerhardo Bellicoso, um die Mitte des 15ten Seculi geschlagen." Hier wird Gerhard von Oldenburg, der im Volksmund der Mutige genannt wurde, weniger euphemistisch als der Streitbare, Kriegerische (bellicoso) bezeichnet. Wir geben das Stück, das sich im Oldenburger Landesmuseum befindet, hier nach einer Aufnahme des Kataloges von Wietek wieder (Abb.2). Die Verwendung des dreitürmigen Stadtwappens auf einer herrschaftlichen Münze gibt Anlaß zu Spekulationen: war dies eine politische Demonstration des gewalttätigen Grafen gegenüber den zaghaften Freiheitsbestrebungen der Stadt Oldenburg oder war es eine Konzession an die Stadt?

Abb. 2:
Flindrich des Grafen Gerhard des Mutigen von Oldenburg (1440-1483)

Abb. 3:
Graf Anton Günther von Oldenburg (1603-1667)
Doppeltalerklippe o. J.

Die folgenden Nummern 88 bis 97 enthalten mehrere Taler und Doppeltaler des Grafen Anton Günther. Von diesen zeigen wir hier die Nummern 92 und 96, die erste eine prachtvolle Doppeltaler-Klippe mit dem geharnischten Brustbild des jungen Herrschers auf der Vorderseite und dem doppelt behelmten Wappen von Oldenburg, Delmenhorst und Jever auf der Rückseite (Abb.3). Peus gibt die Münze in seinem Katalog unter Nr. 1377 wieder und bewertet sie mit 850 Deutsche Mark. Sie war damit zu diesem Zeitpunkt, 1954, die teuerste oldenburgische Münze dieser Auktion, auf der die Sammlung Willers unter den Hammer kam. Die Klippe wurde 1985 mit einer entsprechenden, inkus geschnittenen Jahreszahl von zwei Oldenburger Bankinstituten nachgeprägt und um den wohlfeilen Preis von DM 67,- verkauft. Die Nummer 96, ebenfalls eine Doppeltaler-Klippe, geben wir hier nach einer Aufnahme von Hanfried Bendig wieder (Abb.4). Sie trägt auf der Vorderseite das doppelt behelmte, quadrierte Wappen von Oldenburg, Delmenhorst und Jever sowie eine Umschrift, die oben durch zwei Helmzieren und eine Lilie als Münzmeisterzeichen unterbrochen ist. Die Rückseite mit dem gekrönten Doppeladler und dem Namen des Kaisers Matthias weist die in der Umschrift genannten Territorien als Glieder des Heiligen Römischen Reiches Deutscher Nation aus. Das Stück ist im Katalog Peus unter der Nummer 1378 in vorzüglicher Erhaltung wiedergegeben.

Unter der Nummer 104 des Verzeichnisses ist erstmals eine Goldmünze Anton Günthers, der Dukat von 1664, aufgeführt. Wir geben das seltene Stück, das den Grafen in seinem 81. Lebensjahr als Brustbild nach rechts zeigt, hier nicht wieder, sondern verweisen auf die Abbildung im Aufsatz von Michael Reinbold in diesem Buch. Der prachtvolle Dukat, der 1954 im Katalog von Peus auf DM 120,— geschätzt wurde, erzielt heute auf Auktionen mit ca. viereinhalb Tausend Deutsche Mark das nahezu vierzigfache seines damaligen Werts.

Als außergewöhnliche Münze ist auch das unter Nummer 113 aufgeführte 2-Schilling-Stück Anton Günthers aus dem Jahr 1654 zu bezeichnen, das wir hier nach einer Aufnahme von Hanfried Bendig reproduzieren (Abb.5). Als Walzenprägung in einer Zeit der Münzmeistervakanz zwischen 1651 und 1658 entstanden, spiegelt es in seiner groben Zeichnung, seinem primitiven Stempelschnitt mit der nachlässig eingefügten Jahreszahl 1654 (?), der fehlerhaften Bezeichnung „Schillnig" statt Schilling, sowie in der dezentralen Plazierung des Stempels der Rückseite und dem insgesamt flachen Relief den Verfall der Münzkultur im Gefolge des Dreissigjährigen Krieges. Peus vermerkt in seinem Auktionskatalog unter der Nummer 1478, wo das Stück mit nur DM 35,- bewertet ist, daß der Nestor der oldenburgischen Numismatik, Theodor Merzdorf, 1860 kein Original dieser Münze in der großherzoglichen Sammlung nachweisen konnte.

Als eines der letzten oldenburgischen Beispiele aus der Sammlung Lynar stellen wir zum Schluß die Nummer 263 der Seite 277 vor, die wie folgt beschrieben wird: „Ein überaus seltnes Stück. Das Kreuz. Moneta nova Oldenb. R.) Drey Thürmer, und unten das schief liegende Wapen. D.G. Adol. Com. in Old." (Abb.6). Diesen seltenen Flindrich, der im Katalog Peus unter der Nummer 1347 mit DM 50,— bewertet ist, geben wir hier nach einer Aufnahme von Hanfried Bendig wieder.

Abb.4:
Graf Anton Günther von Oldenburg (1603-1667)
Doppeltalerklippe (Matthias) o. J.

Abb. 5:
Graf Anton Günther von Oldenburg (1603-1667)
Zwei Schilling 1654

Die wenigen oben besprochenen Münzen stellen eine gezielte Auswahl aus dem oldenburgischen Bestand der Sammlung Lynar dar, darunter einige Glanzlichter, die weder für das hier behandelte Gebiet noch für den Gesamtbestand repräsentativ sein können oder sollen. Die Oldenburgica bildeten in der Tat nur einen winzigen Bestandteil des 4238 Nummern umfassenden Verzeichnisses.

Als Diplomat und Weltmann, der an den Höfen von Stockholm, Kopenhagen, St. Petersburg und Hannover verkehrt hatte, setzte Lynar natürlich andere als bürgerliche oder provinzielle Sammelschwerpunkte. Eine große Karriere als Politiker schien für ihn vorgezeichnet, umso empfindlicher traf ihn die Versetzung von Kopenhagen nach Oldenburg aufgrund einer gescheiterten diplomatischen Mission und als Folge der Intrigen seines Rivalen, des Grafen J.H.E. von Bernstorff – eine Maßnahme, die er als Verbannung empfand. Damit kommen wir zu den Hintergründen der Hamburger Versteigerung von 1766. Lynar war ein Jahr zuvor, 1765, wegen ungerechtfertigter Erhebung von Gebühren im Zusammenhang mit der Ablösung oldenburgischer Untertanen vom Militärdienst vom dänischen König Friedrich V. ohne Pension seines Amtes enthoben worden[3]. Seine Gegner veranlaßten die Rückzahlung der Gelder an die Geschädigten. In diesem Zusammenhang muß auch die Versteigerung seiner Münzsammlung ein Jahr nach seiner Entlassung gesehen werden, wie auch die Tatsache, daß der Sammler in Titelblatt und Vorwort des Katalogs mit keinem Wort erwähnt wird. Gleichwohl wäre es ungerechtfertigt, Lynars Statthalterschaft in Stadt und Land Oldenburg nur negativ zu beurteilen. Bezeichnend für seine vielseitigen Interessen und seinen gesellschaftlichen Anspruch ist unter anderem sein Oldenburger Diskussionszirkel, dem aufgeklärte Honoratioren wie der ältere Johann Heinrich Herbart und Johann Heinrich Schloifer angehörten, unbestreitbar sind auch die Verdienste, die er sich um die Errichtung einer Münzstätte in Oldenburg erworben hat[4]. Auch zu dem Kanzleirat und Amtmann der Vogtei Hatten, Eberhard von Schreeb, der im ehemaligen Jagdhaus Anton Günthers auf Gut Hatten residierte, unterhielt Lynar enge Beziehungen[5]. Von Schreeb, der ihm mehrfach Münzkäufe vermittelt hatte, war sehr wohlhabend und besaß ebenfalls eine Münzsammlung, die, in kleinen roten Lederbeuteln verwahrt, einer Nachlaßnotiz zufolge beim Verkauf seines Wohnhauses in Oldenburg an das Tageslicht kam.

Rochus Friedrich Graf von Lynar hat als zentrale gesellschaftliche Figur und als bedeutender Sammler in Oldenburg kaum Spuren hinterlassen, auch als Numismatiker oder dilettierender Münzforscher ist er hier nicht hervorgetreten; er lebt für uns in erster Linie durch den Auktionskatalog von 1766 weiter. Damit ist auch die Frage nach seiner Relevanz für die oldenburgische Numismatik beantwortet: Seine im Hamburger "Verzeichnis" dokumentierte Sammlung ist zwar charakteristisch für einen fürstlichen, kosmopolitischen Sammler des 18. Jahrhunderts, für unseren Raum ist sie jedoch unrepräsentativ, und für einen heutigen Durchschnittssammler ist sie wenig ergiebig. Gleichwohl wären eine Analyse und ein Vergleich dieses Verzeichnisses mit denen anderer zeitgenössischer Sammlungen für die regionale numismatische Forschung eine reizvolle Aufgabe.

Abb. 6 :
Graf Adolph von Oldenburg (1482-1500) Flindrich o. J.

Abb. 7: Zum Vergleich:
Innenraum im Schloß Ambras bei Innsbruck. Im Vordergrund intarsierter
Münzschrank des Erzherzogs Ferdinand von Österreich. Beispiel für die
Aufbewahrung einer Sammlung in einer fürstlichen „Kunst- und Wunder-
kammer" des 16. Jahrhunderts.

Anmerkungen:

1 Vgl. [Karl Kunert]: Numismatik in der Landesbibliothek Oldenburg, Oldenburg 1962, S. 95. Kunert führt den Katalog Lynar mit dem Vermerk „fehlt" auf. In Hamburg, wo der Nachweis des Titels am ehesten zu erwarten gewesen wäre, gibt es ihn nicht einmal in der Bibliothek des Museums für Hamburgische Geschichte. Frdl. Mitteilung non Herrn Dr. R.Wiechmann vom 19.08.1997 an den Verfasser.

2 Münzenhandlung Dr. Busso Peus, Versteigerungskatalog 251, Frankfurt am Main 1954; Gerd Wietek: Oldenburgische Münzen und Medaillen, Festschrift der Landessparkasse zu Oldenburg 1961.

3 Vgl. Wilhelm Hayen: Die Anklage gegen den Grafen Lynar, Oldenburger Jahrbuch 23, 1915; Inger Gorny: Rochus Friedrich Graf von Lynar, Biographisches Handbuch zur Geschichte des Landes Oldenburg hrgg. von Hans Friedl, Wolfgang Günther u.a., Oldenburg 1992.

4 Vgl. Eilert Erich Viet: Die „Alte Münze" in Oldenburg, in: Festschrift zum 25jährigen Bestehen des Vereins Oldenburger Münzfreunde 1984, S. 29f.

5 Vgl. Hermann Lübbing: Die Familie Schreeber-von Schreeb in Oldenburg und Hatten (1667-1845), Oldenburger Balkenschild 4/5, 1952 S.18f.

Jörg Deuter

JOHANNES WIEDEWELTS MEDAILLEN-ENTWÜRFE. EIN KAPITEL DES DÄNISCH-OLDENBURGISCHEN FRÜH-KLASSIZISMUS

Der Bildhauer Johannes Wiedewelt (1731-1802) ist, zusammen mit dem franco-dänischen Architekten Nicolas-Henri Jardin, der Begründer des Klassizismus in Dänemark. Als Lehrer Thorvaldsens mußte sein so ganz anders ausgerichtetes Kunstwollen im 19. Jahrhundert hinter diesem Großmeister dänischer Skulptur zurücktreten. Die Dänen erhielten ihm, als Schöpfer der Sarkophage ihrer Könige Frederik V. und Christian VI. in Roskilde, aber dauernd ein gutes Andenken. Stilgeschichtlich wichtiger dürfte seine Schöpfung eines „shrine of northern worthies" in Jaegerspris sein: Ein nationaler Gedächtnishain, in dem die nicht-figurativen Monumente einzig durch für den Geehrten, „sprechende" Attribute dinglicher Art gekennzeichnet sind. Der Oldenburger Gertrudenfriedhof beherbergt das größte außer-dänische Ensemble von Jaegerspris verwandten Grab-Denkmälern, die sich heute z.T. in einem alarmierend schlechten Zustand befinden und dringend in einen Innenraum überführt werden müßten! [1]

Erst mit der Wiederentdeckung und Wertschätzung der frühen stereometrischen Phase des Klassizismus („Revolutionsarchitektur") gewann Wiedewelts Kunst an Gewicht. Der New Yorker Kunsthistoriker Robert Rosenblum würdigt ihm als bereits in den 1760er Jahren voll ausgereiften (an „avantgarde precocity that could produce a full-fledged Neoclassic sculptor in the 1760's") klassizistischen Bildhauer, stilgeschichtlich damit an der Spitze Europas. [2]

Wiedewelts römischer Studienaufenthalt (in freundschaftlichem Kontakt mit Winckelmann) und seine Ausbildung in Frankreich (bei Coustou d.J.) machen ihn zu einem der Gründerväter des europäischen Klassizismus. Allerdings bleibt die Annahme, Wiedewelt habe schon in der römischen Studienzeit Winckelmanns Theorien künstlerisch Gestalt gegeben, hypothetisch, da Wiedewelts römisches Frühwerk verschollen ist. [3]

Seine Kontakte zur englischen Kunst bedürfen noch der Erforschung: So ein intensiver Gedankenaustausch mit dem Erneuerer und Propagandisten des anglo-chinesischen Gartens, Sir William Chambers, der sich abzeichnet. [4]

Sieht man Wiedewelt solchermaßen als europäische, nicht mehr nur als rein-dänische Erscheinung, dann liegt in dieser geistigen Offenheit (Wiedewelt beherrschte fünf Sprachen und hatte Grundkenntnisse im Lateinischen und Niederländischen) und in den vielfach belegten menschlichen Qualitäten (am eindrucksvollsten wohl von seinem Schüler Philipp Otto Runge geschildert) ein Schlüssel zum unvermittelten Aufblühen der dänischen Kunst im Klassizismus. Wiedewelt war über vier Jahrzehnte hinweg das Rückgrat und die Mittlerpersönlichkeit der Kopenhagener Kunstakademie. Vor allem im Zusammenwirken mit dem zeitweise das Direktorat teilenden Nicolaj Abraham Abildgaard, dessen streitbare Art oft zu Zusammenstößen mit den Studierenden führte (am bekanntesten ist das Zerwürfnis von Jacob Asmus Carstens), wird Wiedewelts Souveränität deutlich: Neben Jens Juel, Carstens und den Malern des „Guldalderen" (goldenen Zeitalters), gingen auch C.D. Friedrich und Ph. 0. Runge durch seine Schule. Der durch Altersarmut bedingte Freitod ließ ihn für die dänische Literatur

Johannes Wiedewelt (nach dem Gemälde von Als, gestochen von J.M. Preisler)

(Oehlenschlaeger) noch einmal aufleben und zu einem Sujet romantischer Verklärung und latenter Fürstenkritik werden, bevor der Bildhauer außerhalb Dänemarks für zwei Jahrhunderte vergessen wurde. Einzig Carl Justi hat ihn in seiner klassischen Winckelmann-Monographie in die kunstgeschichtliche Dimension gehoben, die ihm gebührte. Trotz zahlreicher typologischer und geistesgeschichtlicher Versuche, unter denen Karin Krygers Buch über die dänische Grabmalkunst „Allegori og borgerdyd" (1987) herausragt, fehlt es an „der" grundlegenden Monographie über den Bildhauer, Kunsttheoretiker und Stilbegründer.

Johannes Wiedewelt hat sich mit nahezu allen Bereichen der angewandten Skulptur beschäftigt (bezeichnenderweise gibt es so gut wie keine „freien" Arbeiten von ihm): der Bauplastik, dem fürstlichen und bürgerlichen Grabmal, der Gartenskulptur, gelegentlich auch dem Buchschmuck, dem Möbelentwurf und der Kleinplastik. Hinzu kommen Porträtbüsten und Denkmalgestaltungen. Es ist also nur folgerichtig, daß er auch Vorzeichnungen zu Medaillen und auch zu Münzen geschaffen hat. Sein Werkverzeichnis, aufgestellt von seinem Vetter Peter Friedrich Zeise, nennt 13 Medaillenentwürfe, davon einen schwer bestimmbaren Sammelposten. Heute sind uns 21 Medaillen und 3 Münzen bekannt (Christiansd'or, Dukat und Speciedaler jeweils von 1771) (Abb. 8, 9 u. 10), die er entworfen hat. [5]

Der als bester dänischer Medailleur geltende Magnus Gustav Arbien (1716-1760), ein gebürtiger Norweger, der auch in Stockholm arbeitete, ist nicht für Wiedewelt tätig geworden. Wiedewelts Medaillen sind größtenteils von Daniel Jensen Adzer (1731-1808) realisiert worden. Adzer war Mitglied der Kunstakademie, die neben einem Architekten, einem Portrait- und einem Historien- und Landschaftsmaler, einem Theater- und Miniaturmaler, Kupferstecher und Zeichenlehrer, auch einen Medailleur als künstlerische Lehrkraft beschäftigte. Einige wenige Wiedewelt-Entwürfe realisierte auch Johann Henrik Wolf (1727-1788), Stempelschneider in Kopenhagen seit 1760, und in den Jahren 1771-1788 an der Münze in Altona tätig; Die Kopenhagener Kunstakademie war 1754 durch Frederik V. gegründet worden, dessen Portrait Wiedewelt auf mehreren seiner Medaillen wiedergibt. Sie erlangte als Studienort für zahlreiche oldenburgische Künstler und Architekten auch für die hiesige Kunstgeschichte Bedeutung. So waren Heinrich Strack d.Ä. und Just Ulrik Jerndorff Absolventen der Kopenhagener Kunstakademie. Frederik V. war als Nachkomme Christians I. immerhin ein Regent des oldenburgischen Hauses auf dem dänischen Thron.

Die Tatsache, daß gerade Wiedewelt es war, der die Vorzeichnungen anfertigte und nicht die ebenfalls der Kunstakademie angehörigen Historienmaler Mandelberg, Als oder Abildgaard (von dem wir immerhin den Entwurf einer Medaille auf die Souveränität Haitis und eine ebenfalls offenbar nicht ausgeführte „Borgermedaille" kennen), leitet sich wohl aus dem Procedere her: In der Regel gab es eine Anfrage der Institution, die eine Medaille wünschte, an die Kunstakademie, die Wiedewelt in seiner Eigenschaft als deren Direktor beschied. So wünschte z.B. am 6. Januar 1787 „Det Kongelige General- Land- ökonomi- og Kommerce- Kollegium" eine Medaille für nützliche Erfindungen und außergewöhnlichen Fleiß zur Auszeichnung von Landwirten und fragte diesbezüglich bei Wiedewelt an.[6] Zur Ausführung dieser Medaille ist es offenbar übrigens nicht gekommen. Außerdem scheint es generell die Aufgabe des Hofbildhauers gewesen zu sein, die Medaillenentwürfe zu liefern. Schon sein Vorgänger Saly hatte die benötigten offiziellen Medaillen zu entwerfen, so die Gold- und Silbermedaille der Akademie. [7]

Wiedewelt hat als Schöpfer dieser Medaillen eigene architektonisch-plastische Werke verewigen können, so den von ihm selbst entworfenen Obelisk zur Huldigung Frederik V. (Abb. 12), den Adam Gottlob Graf Moltke („des Königs guter Geist" und Präsident der Akademie) in seinem Garten in Glorup bei Bregentved 1772 errichten ließ [8]; übrigens dem ersten Garten in Dänemark der ansatzweise Formen der englischen Manier aufweist. Er konnte die von ihm entwickelte „sprechende" Emblematik – in Maßen – auf die Medaillen umsetzen, wobei er aber deutlich konventionellere Lösungen fand, als bei den Grabmalentwürfen. Und es war ihm möglich, seine ikonographischen Lieblingsvorstellungen auch hier, auf den Medaillen, bildlich anzubringen, was auf eine ebensolche Selbständigkeit in der Themenwahl schließen läßt, wie sie sich für seine Denkmalentwürfe belegen läßt. Diese gestaltete er zumindest seit 1782 ganz nach eigenen ikonographischen Vorstellungen.

Auf der Medaille auf den Tod König Frederiks V. von 1766 (Abb. 4) zeigt er die Pietas vor der Frederikskirken („Marmorkirken"), die Nicolas Henri Jardin für das Palastquartier Frederikstaden entworfen hatte und deren Bau unter Struensee eingestellt und erst 1894 vollendet wurde.

Die Medaille auf den Tod des unter Struensee in Ungnade gefallenen Premierministers Johann Hartwig Ernst Graf Bernstorff von 1772 (Abb. 11) zeigt einen Kasten-Sarkophag mit der auf eine Sphinx gestützten Liegefigur eines kranzhaltenden „Senex". Der Sarkophag ist in der abgebildeten Gestalt nie ausgeführt worden. Die Medaille geriet so sehr in Verdrängung und Vergessenheit, daß sie Wiedewelts Vetter Peter Friedrich Zeise in seinem Werkverzeichnis schon nicht mehr erwähnte. Dennoch hat gerade Bernstorff große Verdienste um die Liberalisierung der dänischen Politik, vor allem um die Bauernbefreiung („Stavnsbandsløsning"). Helfrich Peter Sturz hat seiner Biographie einen meisterhaften Essay gewidmet, eines der frühesten Werke dieser Gattung in deutscher Sprache.

Ikonographische „Erfindungen" eigener und oft ironischer Art, wie sie Wiedewelt in seinen Notizen so gern ausführt (etwa wenn er die cista Bacchi mit der Hogarthschen „Line of beauty" kombinieren will), waren, dem offiziellen Charakter der Arbeiten entsprechend, aber natürlich ausgeschlossen.

Stattdessen kommt seine Liebe zu weiblichen allegorischen Personifikationen auf ihre Kosten, die nicht immer leicht benennbar sind, weil sie sich nur durch die ihnen beigesellten Attribute unterscheiden und eigentlich auch nicht auf „Erfindungsreichtum" ausgerichtet sind, sondern auf eine möglichst gelehrte Abwandlung immer dessen Themas und desselben Typus zielen. Unübertrefflich hat Carl Justi diesen Wiedeweltschen Figurentyp geschildert: In seinen „Skulpturen erkennt man doch den durch Rom nur korrigierten Charakter Coustous, es sind noch Nachklänge der munteren Bewegung der Pariser Schule, der Morbidezza des Fleisches, der leichten Grazie der Gewänder. Wogegen die (...) Figuren in Köpfen und Gewandung den Anschluß an die Antike in einer Weise zeigen, daß man ohne sonstige Angaben eine ganz andere Hand vermuten würde." [9]

Die weibliche Sitzfigur der „Danica" (auch „Danmarcia") am Sarkophag Frederik V. in Roskilde variiert Wiedewelt 1776 als Personifikation in der großen Medaille auf die Einführung der Staatsbürgerschaft (Abb. 15), vor deren Thron drei in Togen gekleidete Knaben erscheinen. Die wechselnden Attribute sind der einzige Unterschied: Als Zeichen der Souveränität wird ihr Szepter und Krone dargereicht (siehe Abb. 2), als Zeichen der Staatsbürgerschaft greift sie nach der Spindel (? Galster sieht sie ebenfalls als Szepter), wohl als Zeichen des bürgerlichen Fleisses.

Als pièce de résistance, also als geistreiche Wiederholung ein und desselben Themas, ist es auch zu verstehen, wenn Wiedewelt bereits auf seiner Medaille zur Geburt des Kronprinzen Frederik (1768) Fortuna mit dem Phoenix in der Rechten darstellt (Abb. 7); dieselbe Personifikation aber 1782 auch dem dänischen Finanzminister Heinrich Carl (Graf) Schimmelmann als Allegorie für sein Grabmal in Wandsbek anbietet. Der Frühklassizismus hielt die gelungene Abwandlung ein und desselben Themas für den höchst möglichen Grad künstlerischer `Erfindung´.

Obligat war aber in jedem Fall das auf der Vorderseite der Medaille befindliche Königs- oder Königinnenportrait, so z.B. das Portrait Frederiks V., gegebenenfalls auch das Doppelportrait, zumal bei Hochzeiten (Abb. 6), dessen Ausführung den Stereometriker Wiedewelt kaum sonderlich interessiert haben kann, dessen Anliegen es ja gerade war, von der porträthaften Darstellung zur symbolischen Darstellung des Verdienstes zu finden. Wiedewelt hat zwar Porträtreliefs geschaffen, so für Christiansborg Slot Riddersalen (1765/66), diese sind aber zerstört. Porträtmedaillons der Könige Christian VI. und VII. (1784) haben sich in Den kongelig Mønt- og Medaillesamling (Kbh.) erhalten. [10] Sie zeigen einen deutlich idealisierteren, klassischeren Darstellungstypus als die Medaillenporträts.

Sein Ringen um verschiedene Stränge verbindende ikonographische Lösungen klingt bei einer anderen Medaille an, bei derjenigen zur Hochzeit des Erbprinzen Friedrich mit Sophie von Mecklenburg-Strelitz (1774). Hier verknüpft Wiedewelt zwei traditionelle Lösungen miteinander. Zum einen bekränzt der heranschreitende Hochzeitsgott Hymen die sitzende Fortuna; nicht weniger typisch für den Früh-Klassizismus ist, daß Wiedewelt der Fortuna Steuerruder und Kranz beigibt (Abb. 13) . Erst Goethe beabsichtigte 1779, anläßlich der glücklichen Heimkehr von der Schweizer Reise, in Weimar ein Denkmal zu setzen, das die bisherige Auffassung der Fortuna mit diesen beiden Attributen, der ein Windgott in den Backen bläst, um die Darstellung von Gelingen und Scheitern der Reise erweitern sollte. Hierzu wählte Goethe Genius und Terminus als Begleiter der Fortuna, den vorantreibenden Fackelträger und den am Grenzstein mit dem Schlangenstab innehaltenden Zauberer. Die Bilderfindung war zu kompliziert, und der als Gestalter vorgesehene Johann Heinrich Füssli resignierte über Goethes allzu einengenden Vorgaben. [11] Wiedewelts ikonographische Darstellungen sollten hingegen allgemein verstanden werden.

Wiedewelt ging bei seinen Symbolfiguren, anders als Goethe in diesem Fall, geschickterweise von keinen komplizierten mythologischen Verschlüsselungen mehr aus.

Nicht nur die Figur der „Danica", sondern auch andere Motive, übernimmt Wiedewelt von seinen Grabmalentwürfen: So die „spolia opima" seines Sarkophages für Frederik V., Helm, Kranz und Schild. Sie kehren, wenn auch in veränderter Form, auf der Medaille der Kunstakademie zu Ehren des Erbprinzen Friedrich (1774) wieder (Abb. 14). Wiedewelt hatte für den Sarkophag ein neuattisches Horen-Relief zugrundegelegt, das sich zu seiner Zeit in der Villa Borghese befand. Die Medaille variiert allerdings nur noch die Attribute des Reliefs. Die weiblichen Hauptfiguren erscheinen hier nicht.

Die in der Medaillenkunst des Klassizismus vorherrschende statuarische Figur oder Figurengruppe, freigestellt vor kahlem Hintergrund und auf einer Hilfslinie postiert, akzeptiert auch Wiedewelt als Gestaltungsmodi. Die über der Darstellung angebrachten durchweg lateinischen Motti oder Lemmata sind sehr kurz, in aller Regel nur aus zwei Worten bestehend (Vindici patriae, Pietas augusta, Sospita mater, Vetat mori, Iteratis nexibus, Aeternitas augusta). Die Medaillen sind nur mit dem Namen des Medailleurs (Adzer) versehen, nicht aber mit dem des Entwurfserfinders.

Hochinteressant für Wiedewelts ikonographische Vorstellungen ist die Trauermedaille auf Frederik V. (1766, vom Medailleur Wolff, Abb. 5). Sie zeigt nicht den von Wiedewelt selbst später tatsächlich ausgeführten Sarkophag für diesen König, sondern ein sehr viel schlichteres kubisches Monument in der Art der Denkmäler von Jaegerspris - und dies etwa zehn Jahre vor dem Entstehen der ersten derartigen stereometrischen „Mindesten" (Denksteine). Die Medaille belegt Wiedewelts außerordentlich frühe Auseinandersetzung mit diesem später für ihn prägend werdenden Grab- und Denkmaltypus.

Die Frage, ob Wiedewelts Medaillen zu seiner Zeit auch in Oldenburg gekauft oder gesammelt wurden, können wir bisher nur indirekt beantworten: Zumindest die auf ihnen verherrlichten Ereignisse der dänischen Geschichte wurden auch im damals dänischen Oldenburg gefeiert. So würdigte nicht nur die dänische und die norwegische Geistlichkeit das einhundertjährige Jubiläum der Souveränität des oldenburgischen Hauses auf dem dänischen Thron, sondern auch der oldenburger Gymnasialdirektor Johann Michael Herbart schrieb in den ,,Oldenburgischen wöchentlichen Anzeigen" zur Jubelfeier der Souveränität im Oktober 1760 phrenetisch: „Redner! Meister im Dichten! Rühmt Friedrichs Völker seltene Ruh! / Laßt den Preiß des Friedensgedanken(s) noch die späte Nachwelt melden. Welt! Und Nachwelt höre zu!" [12] Auch Reden zur Salbung Christian VII. („1. May 1767"), verfaßt von dem erst 15jährigen G.A. v. Halem, und zur Hochzeit des Jahres 1766 sind uns überliefert. Daß bereits der junge, noch als Privatier in Hamburg lebende spätere Herzog Peter Friedrich Ludwig im Jahre 1780 Ehrenmitglied der Kopenhagener Kunstakademie wurde, ist spätestens seit der Peter Friedrich Ludwig gewidmeten Ausstellung von 1979 (auf der das Diplom zu sehen war) in Oldenburg wieder bekannt. [13] Daß diese Ehrenmitgliedschaft unter Wiedewelts Direktorat verliehen wurde, ist bisher aber nicht beachtet worden. Bekannt ist auch, daß Dänemark in den Jahren von 1761-1765 in Oldenburg am Schloßplatz Münzen prägen ließ. [15] [17]

Wie Wiedewelt selbst seine Tätigkeit auf dem Gebiet der Medaille eingeschätzt hat, dafür fehlen uns bisher Belege. Immerhin wurde er 1781 beauftragt, das Münzen- und Medaillen-Kabinett Christian VII. einzurichten. [14] Die in diesem Zusammenhang geschaffenen Münzschränke erhielten plastische Bekrönungen, die auf Wiedewelts römische Studieneindrücke zurückzuweisen scheinen: Zwei Löwen, die den Schrankaufsatz flankieren, schuf, nach Wiedewelts Entwürfen, Domenico M. Gianelli; zwei Sphingen, die eine Urne flankieren, stammen von Carl Frederik Kindgreen (gest. 1815). [16] Sie nehmen sich wie direkte Zitate der „Académie de France à Rome" aus, die in die fünfziger Jahre und in Piranesis Umkreis zurückführen: Wiedewelts römischen Beginn.

Anmerkungen:

1   Zu Wiedewelts Grabmalen vgl.: Kryger, Allegon og borgerdyd. Studier i det nyclassicistiske gravmaele i Danmark. Kbh. 1987. Zum Oldenburger Grabmal-Ensemble siehe: J. Deuter, Zur Wiederentdeckung von Grabmal-Architekturen Johannes Wiedewelts in Oldenburg, in: Niederdeutsche Beiträge zur Kunstgeschichte 26, 1987. S. 105 - 32.
     Vgl. auch: J. Deuter, Die Genesis des Klassizismus in Nordwestdeutschland. Der dänische Einfluß auf die Entwicklung des Klassizismus in den deutschen Landesteilen Schleswig-Holstein und Oldenburg in den Jahren 1760 bis 1790. Oldenburg 1997. (Schriftenreihe der Carl-von-Ossietzky-Universität)
2   R. Rosenblum, Transformations in Late Eighteenth Century Art. Princeton, 3rd. ed. 1974. S. 148.
3   R. Wiecker, Winckelmann und Wiedewelt. Ein Beitrag zu den deutsch-dänischen Kunstbeziehungen im 18. Jh., in: Text und Kontext. Kbh. 1, 1973. S. 30 - 69 und 2, 1974. S. 23 - 63.
4   Zu Wiedewelts England-Aufenthalt vgl. : J. Deuter, Die Rezeption von Sir William Chambers in Dänemark und Nordwestdeutschland, in: Th. Weiß (Hg.), Sir William Chambers und der englisch-chinesische Garten. Stgt. 1997. S. 103 - 120, besonders S. 110/11.
5   J. Fr. Meier , Efterretninger Billedhuggeren Johannes Wiedewelt. Kbh. 1877, verzeichnet zehn Medailien-Entwürfe Viedewelts, wobei er sich auf das von Wiedewelts Vetter, Peter Friedrich Zeise, aufgestellte Werkverzeichnis stützt.
     G. Galster, Danske og Norske Medailler og Jetons, ca. 1533 til ca. 1788. Kbh. 1935 nennt fünfzehn Medaillen. Für die Verfizierung einzelner Münzen und Medaillen dankt d. Vf. Herrn Eilert E. Viet, Oldenburg.

6   J. Fr. Meier (wie Anmerk. 5) S. 153.
7   E. Sailing Tanker om Akademiet og teorien 1754 - 1771, in: Kjeld de fine Licht (Hg.), Forblommet Antik. Klassicismer i Dansk Arkitektur og Havekunst. Studier tilegnede Hakon Lund. Kbh. 1988. S. 77 - 95.
8   H. Raabyemagle Den engelske have. A.G. Moltke og Glorup, in: (wie Anmerk. 7) S. 105 - 34, besonders S. 128.
9   C. Justi, Winckelmann und seine Zeitgenossen. 2. Aufl. Lpz. 1898. Bd. 2, S. 75/76.
10 Abgebildet bei: V. Thorlacius-Ussong, Ukendte Arbejder af Johannes Wiedewelt in: Kunstmuseets Aarskrift 22, 1935. S. 111 - 30, Abb. 8/9.
11 W. Bode, Goethes Schweizer Reisen. Basel 1922. S. 198/99 und 205.
12 Oldenburgische wöchentliche Anzeigen Oktober 1760.
13 Herzog Peter Friedrich Ludwig 1755 - 1829, Ausstellung im Stadtmuseum Oldenburg 1979, S. 38 u. 39, Abb. 15 (zu Nr.18).
14 Über das königliche Münzen- und Medaillenkabinett informiert am genauesten die Jubiläumsschrift: Den kongelige Mønt- og Medaillesamling 1781- 1981, Nationalmuseet Kbh. 1981, S. 40-58, mit Abbildung von Wiedewelts Raumausstattung, über Wiedewelts Tätigkeit als Schöpfer von Münzen und Medaillen vgl. Peter Flensborg, Numismatisk Leksikon, o.O. Kbh. 1996, S. 399.
15 Grundlegend für die für Oldenburg geprägten Münzen: H.Kalvelage/H.Trippler, Die Münzen der Grafen, Herzöge und Großherzöge von Oldenburg, Osnabrück 1996.
16 Kindgreen führte auch die 13 Gipsmedaillons aus, die in jenem Kabinett die dänischen Könige aus dem oldenburgischen Hause darstellen. Das „Mønt- og Medaille-Kabinett" wurde 1867 in Prinsens Palais (Nationalmuseet) überführt.
17 Eilert E. Viet, Die „Alte Münze" in Oldenburg, in: Festschrift zum 25jährigen Bestehen des Vereins Oldenburger Münzfreunde, Oldenburg 1984, Seiten 29 bis 37

Fotonachweis:
Medaillen: Privatsammlung und Abb. aus Aukt. Katalog 16, H.G. Oldenburg, März 1983 . Mit frdl. Genehm. von Herrn Hans Georg Oldenburg.
Fotos: Eckhart Schmidt

Münzen: Königliche Münzen- u. Medaillensammlung in Kopenhagen,
Fotos: Nationalmuseet, Den kongelige Mønt- og Medaillesamling. Mit frdl. Unterstützung durch Herrn Jørgen Steen Jensen

Von Johannes Wiedewelt entworfene Münzen und Medaillen (Werkverzeichnis):

Zusammengestellt nach: Johan Frederik Meier, Efterretninger om Billedhuggeren Johannes Wiedewelt (Kbh. 1877) und Georg Galster, Danske og Norske Medailler og Jetons, ca. 1533 bis ca. 1788, (Kbh. 1936), ergänzt durch: Jorgen Steen Jensen, Den kongelige Mont- og Medaillensamling in: Montsammlernyt, Dezember 1980, S. 294-300, Holger Hede, Danmarks og Norges Monter (Kbh. 1964) und Kurt Jaeger, Die Münzprägungen der deutschen Staaten usw. Nordwestdeutschland (Basel 1971).

Die Medaillen wurden in Gold und Silber geprägt; abgebildet sind die silbernen Medaillen, ebenso sind die Gewichte der silbernen Medaillen angegeben.

(In Klammern „( )" der Name des/der jeweiligen Stempelschneider)

1. *Medaille auf die 100-Jahr-Feier der Souveranität durch die dänische und norwegische Geistlichkeit 1760, (Arbien und Adzer), Galster 458* **(Abb. 2)**

Vs. Brustbild König Frederiks V. n.r.,
Rs. Knieende weibliche Figur Dänemark u. Norwegen darstellend übergibt
Königsinsignien an Pietas
Gr. 56,5 mm.   Gew. 94,7 gr.

2. *Medaille auf die 1OO-Jahr-Feier der Souveranität durch die Wissen-*
schaftliche Gesellschaft 1760, (Wolff), Galster 501   *(Abb. 3)*

Vs. Brustbild König Frederiks V. n.r.,
Rs. Apollo übergibt der Muse das Privileg der Souveränität
Gr. 55,5 mm   Gew 85,0 gr.

3. *Medaille auf das 1Ojährige Bestehen der Kunstakademie unter A. G.*
Moltke 1765, (Adzer), Galster 461

4. *Sujets zu Medaillen für Particuliers 1765/66, (Nye kgl. Samling Mskpt.*
in fol. 1396 n, fol. 28.)

5. *Medaille auf den Tod König Frederik V.,*
Pietas vor Marmorkirken 1766, (Adzer) Galster 462   *(Abb. 4)*

Vs. *Kopf des Königs im Schlangenkreis n.r.,*
Rs. Pietas vor Marmorkirken (Frederikskirken)
Gr. 53 mm   Gew. 74,7 gr.

6. *Medaille auf den Tod König Frederik V.,*
Die besorgte Dania vor dem Trauermonument 1766, (Wolff), Galster 507
(Abb. 5)

Vs. Kopf des Königs mit Lorbeerkranz n.r.,
Rs. Dania vor dein Trauermonument
Gr. 43 mm   Gew. 43,2 gr.

7. Medaille auf die Hochzeit König Christian VII. mit Prinzessin Caroline Mathilde von Grossbritannien 1766, (Wolff), Galster 509 *(Abb. 6)*

Vs. Brustbilder des Königs und der Königin n.r.,
Rs. Laetitia (Göttin der Freude) mit Kranz u. Anker
Gr. 55 mm   Gew. 87,7 gr.

8. Medaille auf die Hochzeit der Prinzessin Sophia Magdalena mit Kronprinz Gustav (III.) von Schweden 1766, (Adzer), Galster 463

9. Medaille auf die Krönung König Christians VII. 1767, (Adzer), Galster 464

10. Kleine Preismedaille der „Landhusholdningsselskabs" 1768, ausgeführt 1772, (Wolff), Galster 513

11. Medaille zur Geburt des Kronprinzen Frederik (VI.) 1768, (Adzer),
Galster 465 *(Abb. 7)*

Vs. Brustbilder König Christians VII. und Königin Caroline Mathildes einander
zugewendet,
Rs. Fortuna mit Phönix
Gr. 56,5 mm   Gew. 89,6 gr.

12. Dukat zur Eröffnung der Altonaer Münze 1771, (Wolff), Jensen S. 300,
Hede 1, Jaeger 1 *(Abb. 8)*

Vs. Wilder Mann als Schildhalter, Schild mit gekröntem Initial „C 7",
Rs. Schrift im Quadrat
Gr. 21 mm   Gew. 3,49 gr. (in Gold)

13. Christiansd'or 1771, Jensen S. 300, Hede 5   *(Abb. 9)*

Vs. Kopf König Christians VII. n.r.,
Rs. Stern mit 3 aufgelegten, gekrönten Doppelinitialen „C 7"
Gr. 24,5 mm   Gew. 6,68 gr. (in Gold)

14. Speziedaler 1771, Jensen S. 300, Hede 11A   *(Abb. 10)*

Vs. 2 spiegelbildlich angeordnete, gekrönte Initialen „C 7".
Rs, Dreigeteiltes, gekröntes Wappen (Dänemark Norwegen Schweden)
Gr. 39,5 mm   Gew. 28,9 gr.

**15. Medaille zum Tod des Premierministers J.H.E. Graf Bernstorf 1772,
(Adzer) Galster 476**

(Abb. 11)

Vs. Brustbild von Bernstorfs n.l.,
Rs. Sarkophag mit auf Sphinx gestützter Liegefigur
Gr. 56 mm

16. Medaille zur Errichtung des Obelisken für König Frederik V. in Glorup durch A.G. Moltke 1772, (Wolff und Adzer), Galster 502/467 (Abb. 12)

Vs. Kopf König Frederiks V. mit Lorbeerkranz n.r.,
Rs. Der Obelisk
Gr. 56 mm   Gew. 87,1 gr.

17. Hochzeitsmedaille auf den Erbprinzen Frederik mit Prinzessin Sophie Friederike von Mecklenburg 1774, (Adzer), Galster 479   *(Abb. 13)*

Vs. Brustbilder des Brautpaares einander zugewendet,
Rs. Hymen bekränzt Fortuna
Gr. 57 mm   Gew. 94,6 gr.

18. Medaille auf den Erbprinzen Frederik, gewidmet von der Kunstaka-demie 1774, (Adzer), Galster 478   *(Abb. 14)*

Vs. Brustbild des Erbprinzen n.l.,
Rs. Der Prinz in antiker Rüstung, umgeben von Waffen
Gr. 57 mm   Gew. 87,6 gr.

**19. Belohnungsmedaille der „Asiatisk Compagnie" 1774, (Adzer), Galster
478**

**20. Grosse Medaille auf die Einführung der staatsbürgerlichen Rechte, der
„Infodsretten" 1776, (Adzer), Galster 481   (Abb. 15)**

Vs. Brustbild König Christians VII. n.l.,
Rs. Sitzende Figur, die „Danica" personifizierend, reicht ihre Hand drei Knaben,
ihrerseits die Dänen Norweger und Holsteiner darstellend
Gr. 63 mm   Gew. 114 gr.

**21. Kleine Medaille auf die Einführung der staatsbürgerlichen Rechte 1776,
(Adzer), Galster 482**

22. *Medaille auf die staatbürgerlichen Rechte, gewidmet durch den Historiker P.F. Suhm 1776, (Adzer), Galster 485*

23. *Medaille auf den 24. Hochzeitstag der Königin Juliane Marie (2. Gemahlin König Frederiks V.) 1776, (Adzer), Galster 487*   *(Abb. 16)*

Vs. Brustbild Königin Juliane Maries n.r.,
Rs. Zwei Siegesgöttinnen halten Lorbeerkranz mit Votivinschrift
Gr. 67 mm   Gew. 91,8 gr.

24. *Medaille zur Ehrung verdienter Landwirte durch „Det Kongelige General-Land-økonomi-Kommerce-Kollegium" 1787, fraglich ob überhaupt ausgeführt*

Peter Springer

THORVALDSEN UND DIE MEMORIALFORM DER MEDAILLE

1) AFFINITÄT ZUM MEDIUM MEDAILLE:

Am 5. August 1838, gegen Mitternacht, verließ Thorvaldsen Rom. Oft erwogen und geplant, jahrelang immer wieder verschoben und hinausgezögert, nun, wohl auch getrieben von der Einsicht des schnellen Endes in seiner unmittelbaren Umgebung und vom Bewußtsein der eigenen Gefährdung, nun wollte er heimkehren. Thorvaldsen wußte wohl, daß dieser Abschied mehr sein würde, als ein früherer Besuch in seiner Heimatstadt, mehr als nur ein Ortswechsel. Es sollte zwar nicht der letzte, doch der erste Teil eines langen Abschiedes von seiner zweiten Heimat werden. Aus dem Anstand der Gegenwart kann es wie ein Zirkelschluß erscheinen: Von Kopenhagen in die Ewige Stadt und von dort zurück nach Kopenhagen, um nach mehr als vier Jahrzehnten den Kreis zu schließen, um gleichsam das Kunstwerk des biographischen Selbstentwurfs zu vollenden. Tatsächlich hatte der Entschluß Rom zu verlassen jedoch noch andere Gründe.

In Rom wütete nämlich die Cholera.[1] „Er aber stellte Hygieia, die Göttin des Heilens, hin, ein liebliches Frauenbild, mäßig bewegt, und läßt ihre Schlange aus der Schale eines schönen Erosknaben den Heiltrank schlürfen. - So war seine Kunst geworden. Sie kostete ihn keine Not mehr. Er gab sie in Scheidemünze aus. Dutzende von kleinen Sachen entstanden. Allein aus den Jahren 1836 bis 1837 nennt man einige Bildertafeln mit Darstellungen aus der Ilias, besonders dem Leben des Achills, vierzehn Rundbilder mit Grazien, Musen und dergleichen, sechzehn langrunde Felder zur Geschichte von Amor und Psyche, zwanzig rautenförmig, die Genien mit den verschiedenen Beigaben zeigten, all das zur Ausschmückung des Palastes Torlonia und der Villa Torlonia in Castel Gandolfo. Auch die Mythe der Diana wurde in hochrunden Reliefs erzählt, wie die Jagdgöttin mit einer Gefährtin von Aktäon überrascht wird, dessen Verwandlung ein Hirschgeweih andeutet, und wie er von den Hunden angefallen wird, fast als ob sie ihn freudig ansprängen. . . Dies sind noch die besten und doch nicht mehr als gefällige Ware“[2].

An Münzen und Medaillen wird man auch in einem verwandten Kontext erinnern: Noch vor seiner endgültigen Heimkehr nach Dänemark sollte Thorvaldsens sein letztes Atelier auf Nysø finden (Abb. 1). Zahlreiche Denkmäler hatte er geschaffen, nun entwarf er sein eigenes. Unter den Augen der Baronin Stampe vollendete er hier 1839 das Modell zu seinem monumentalen Selbstbildnis. Es zeigt ihn im Arbeitskittel mit Hammer und Meißel als neuer Phidias, gestützt auf seine Figur der „Hoffnung“, ein Werkzitat von 1817 und zugleich ein Antikenzitat, angeregt durch die Restaurierungsarbeiten an den Ägineten für Konprinz Ludwig von Bayern. Möglich wäre auch die motivische Ableitung vom sogenannten „Dionysos Hope" (Hoffnung!). Thorvaldsens Standbild ist als sein Vermächtnis eine anspielungsreiche Selbstinterpretation und zugleich ein selbstgesetztes Denkmal. Eine Marmorkopie des Monumentes von der Hand seines Berliner Schülers Emil Wolff steht noch heute an der Stelle seines Ateliers nahe dem Palazzo Barberini in Rom, eine weitere Kopie ziert die Ostfassade der Münchner Glyptothek.[3]

Die inszenierende Anordnung der Modelle und Abgüsse in Thorvaldsens Atelier auf Nysø lassen erkennen, daß im Zentrum das Modell seines Selbstbildnis-Denkmals den Künstler selber vertritt. Umgeben ist es an den Wänden von Gipsbüsten, Reliefs, und Medaillons, ältere und jüngste, in mehreren Reihen übereinander, unter ihnen dominierend auch der Alexander-Fries. Weiter unten entdecken wir in Beinhöhe zuseiten des Standbildes zwei Gipstondi im Hintergrund, deren Motive uns auf Medaillen wiederbegegnen werden. Gemeinsam geben diese unterschiedlichen Werke dem Ambiente auf Nysø ein museales Aussehen: Wir blicken in ein Atelier als Museum im Wartestand.

Als eine sprechende Inszenierung von Künstler und Kunstwerk verweist es zugleich auf eine andere Memorialstätte: Seit Beginn der 30er Jahre war die Gründung eines Thorvaldsen-Museums nicht nur in Rom und Kopenhagen immer wieder diskutiert worden. Aus dem Bewußtsein seines weltweiten Ruhms nach dem Tode seines großen Rivalen Antonio Canova, umgeben von seinen stetig wachsenden Kunstsammlungen, doch zugleich auch die alltägliche Gefährdung vor Augen, galt es, das Lebenswerk in Dauer zu überführen. Diese Überlegungen sollten schließlich im Kopenhagener Thorvaldsen Museum mit dem Grabe des Künstlers im Zentrum der Anlage finale Realität werden. Thorvaldsens Atelier auf Nysø und sein Museum in Kopenhagen, beide inszenieren in entsprechender Weise das Werk um das Zentrum des abwesend anwesenden Künstlers. Beider Affinität zum Künstlerdenkmal ist offensichtlich, ihre Affinität zum Medium der Medaille dagegen erst auf den zweiten Blick.

Doch hat die räumliche Nähe von Denkmal und Medaillons auf Nysø Verweischarakter. Wie das Denkmal ist nämlich auch die Medaille traditionell ein memoriales Medium. Es kam dem Künstlerkult des 19. Jahrhunderts entgegen, der dem Künstler schon relativ früh nicht nur die passive Denkmalsfähigkeit zubilligte, sondern auch in anderen Memorialmedien sein Bildnis an die Stelle der Repräsentanten weltlicher oder geistlicher Macht setzte. Das Porträt des Künstlers auf Medaillen besitzt eine lange Tradition. Leon Battista Alberti war nicht nur der erste Künstler, von dem wir wissen, daß er in der ersten Hälfte des 15. Jahrhunderts sein isoliert auf eine Tafel gemaltes Selbstporträt schuf. Und er war wohl auch der erste Künstler, der sein Porträt auf einer Medaille verewigte. Von Alberti stammt jedenfalls die älteste erhaltene Medaille mit einem Selbstbildnis des Künstlers, wenig später gefolgt von Filaretes Bildnismedaille.[4]

Seitdem und seit dem gesellschaftlichen Aufstieg des Künstlers ist sein bleibendes Andenken, sein Nachruhm und seine Memoria nicht länger nur Gegenstand individueller Erinnerung, sondern mehr oder weniger auch Gegenstand planvoller Organisation in der Hand des Künstlers

Abb. 1:
Thorvaldsens Atelier auf Nysø: im Hintergrund zwei Medaillen-Entwürfe

selbst. Galt und gilt es doch, das Andenken über die Grenzen der eigenen Existenz hinaus lebendig zu erhalten, die lange Dauer des Künstlerruhms zu sichern.

Ein Denkmal „aere perennius" - dauerhafter als Erz (d.h. Bronze) - dieser horazische Topos meinte ursprünglich literarische Künstlerehrung in Form von Inschriften, Gedichten, Texten und Viten. Der Komparativ setzt freilich voraus, daß es Denkmäler aus Erz gab. Nach dem Vorbild der Poeten-Monumente wuchs mit Beginn der Neuzeit auch für Künstler die Bedeutung außerliterarischer Erinnerungszeichen. Künstler wurden zunehmend Gegenstand bildlicher Monumente, die mit ihrem Werk ihren Ruhm und mit ihrem Ruhm auch ihre Erscheinung überliefern wollten. Die Architekten in ihren Bauwerken waren ihnen darin vorangegangen; jetzt entwickelte sich das Künstlerbildnis als eigene Gattung, sei es in Gemälden und Drucken (Frontispize), sei es in Reliefs, Büsten, Denkmälern - und eben auch in Medaillen. Charakteristisch ist für all diese Formen der Künstlerehrung seit je die enge Verbindung zwischen Werk und Künstlerbildnis wie auch die zwischen selbstgesetzten und fremdgesetzten Memorialformen.

Thorvaldsen ist für diese Zusammenhänge ein geradezu klassisches Beispiel. Denn er erlangte nicht nur - bereits zu Lebzeiten - die passive Denkmalfähigkeit, er wurde - ebenfalls schon zu Lebzeiten - auch wiederholt auf Medaillen dargestellt. Zwischen den beiden memorialen Schwesternkünsten gibt es eine Vielzahl von Wechselbeziehungen, deren verbindende Klammer in unserem Falle Thorvaldsen ist. Mit Alter und Ruhm wuchs die Zahl der ihm geweihten Denkmalsentwürfe; noch schneller und noch früher aber wuchs die Zahl der ihm gewidmeten Ehrenmedaillen. Und diese Tatsache ist engstens verbunden mit der Flexibilität seiner eigenen Kunst, mit ihrer Anpassungsfähigkeit und medialen Übertragbarkeit.

2) VERWERTUNGSSTRATEGIEN UND WARENCHARAKTER

Das Prinzip der Aneignung antiker Vorbilder folgte nicht selten dem Grundsatz »verwerten, um selber verwerten zu können«, sei es als nobilitierende Bauzier, als emblematischer Schmuck oder als dekoratives Bildungsrequisit, flexibel und anpassungsfähig entsprechend dem weiten Spektrum der unterschiedlichen geschmacklichen Bedürfnisse und finanziellen Möglichkeiten. Zweifellos: Thorvaldsen bediente in den verschiedenen Agregatzuständen seiner Kunst, mit Diversifikation und Multiplikation, Verbreitungs- und Verwertungsstrategien nicht nur den kleinen Kreis des Geldadels, sondern einen breit gefächerten Markt. Galt es doch auch, die Interessen eines wachsenden, wenn auch weniger zahlungskräftigen Publikums zu bedienen. So entsprechen der unterschiedlichen Kaufkraft die fließenden Übergänge zwischen exklusiver Marmorversion und derivativem Massenprodukt. Dabei waren leichte Umsetzbarkeit und gängige Vermarktung, Übertragbarkeit auf andere Materialien und in andere Maßstäbe, Funktionen, Formate und Kontexte durchaus nicht erst Charakteristika von Thorvaldsens Spätwerk, aber hier besonders ausgeprägt. Wenn also in diesem Kontext der despektierliche Begriff der „Scheidemünze" fiel und wenn von „Ware" die Rede war, so will das nicht ganz zufällig erscheinen.

Müssen doch einem Kunstverständnis, das sich am Ideal des singulären Einzelwerks orientiert, alle Formen der Übertragung, Verkleinerung, Vervielfältigung - und das bedeutet ja in der Praxis auch Thorvaldsens ausgeprägte Affinität zum Medium „Medaille" und „Münze"[5] - als minderwertig und als Verlust erscheinen. Tatsächlich handelt es sich bei Thorvaldsens Affinität zur Medaillenkunst jedoch beileibe nicht nur um eine besondere Rezeptionsform von Künstler und Werk. Zwar bilden sie die motivischen Bezugspunkte, doch darüber hinaus verweisen sie auf Kernaspekte seiner Kunst.[6]

Als „Kunst für den gebildeten Geschmack" hat man, auf den Hintergrund einer klassisch-literarischen Bildung anspielend, die Voraussetzung ist, um die Mehrzahl der von Thorvaldsen gewählten Themen zu verstehen, das Phänomen der „Versickerungsformen", - so möchte ich es nennen - bezeichnet. Damit verbunden sind meist Maßstabsprünge (in der Regel Verkleinerungen) und mediale Übertragungen (in der Regel von teuren in preiswertere Materialien). Ob in Bisquitporzellan oder als bronzene Tafelaufsätze, auf Eisengußtellern und als Gipsreduktionen, aber auch in „exotischen" Materialien wie z.B. Kalipasta, gewöhnlich sind verkleinerte Kopien oder Reproduktionen verbunden mit Vergröberungen und Vereinfachungen, mit einem qualitativem Verlust also.

Wie das Beispiel des auch heute noch ubiquitär verbreiteten Motivpaares „Tag" und „Nacht" nach der Bildfindung Thorvaldsens (1815) zeigt [7], ließ ihre große Beliebtheit die beiden Tondi nicht nur zu „Bestsellern" werden, die „dutzende Male" in Thorvaldsens Atelier in Marmor vervielfältigt wurden. Darüber hinaus begegnen wir ihnen in Porzellan und Steinzeug (Wedgwood), in Bronze und Eisen und immer wieder in Gips. Oft gänzlich unabhängig von ihrer sepulchralen Symbolik (vgl. Zusammenhänge mit dem Motiv der Nacht mit Schlaf und Tod) begegnen sie als vielfältig einsetzbare Dekormotive auch in gänzlich themenfremden Kontexten. Es überrascht also nicht, diesem beliebten Motivpaar auch auf Medaillen zu begegnen, wo es nicht erst heute in dieser Reduktionsform Objekt „sammelnden Begehrens" ist.[8]

Thorvaldsens besaß bekanntlich nicht nur eine umfangreiche Sammlung mit Werken zeitgenössischer Künstler, sondern auch eine große Sammlung von fast zehntausend antiken Gegenständen, darunter auch zahlreiche antike Münzen und Gemmen.[9] Der Gedanke, dafür ein eigenes Museum zu gründen, lag also nahe. Noch heute zeugen ganze Raumfolgen des Thorvaldsen Museums in Kopenhagen von seiner Sammelleidenschaft. Daß sie hier zusammen mit seinen eigenen Werken unter einem Dach ausgestellt sind, erscheint als konsequente museale Umsetzung der vielfältigen Wechselbeziehungen zwischen Atelier und Sammlung, Werk und Museum, vor allem aber verweist ihre Nachbarschaft auf Einflüsse und Anregungen der antiken Vorbilder für sein eigenes Schaffen. Denn wie die „Hoffnung", auf die er sich faktisch stützt, ein eigenes Werk und zugleich ein Antikenzitat ist, so stützte er sich im übertragenen Sinne zitierend, paraphrasierend oder modifizierend auch bei zahlreichen Medaillen sowohl auf eigene Werke als auch für diese auf antike Vorbilder.[10]

3) THORVALDSEN-MOTIV UND REGENTENPORTRÄT:

Die lange Geschichte der Kunstform Medaille kennt die enge Zusammenarbeit des Bildhauers mit dem Gießer und Graveur als eine grundlegende Voraussetzung dieses Mediums. Darin erscheint diese Gattung teilweise dem Kupferstich verwandt, der gleichfalls - „invenit" und „sculpsit" - die Herkunft von Entwurf und Umsetzung auf zwei unterschiedliche Hände verteilt. Als Besonderheit kommt bei Medaille und Münze jedoch die Zweiseitigkeit hinzu. In dieser traditionell arbeitsteiligen Konstellation war auch Thorvaldsen tätig, sei es als „Zulieferer" und Auftragskünstler oder als „Motivspender", dessen Motive man zitierte, kopierte und paraphrasierte.

Wir kennen einige Medaillen, für die Thorvaldsen jeweils nur eine Seite, in der Regel die Verso-Seite gestaltete, indem er eigens für diesen Anlaß einen Entwurf anfertigte. Dies ist z.b. bei der Huldigungsmedaille der Fall, die 1839 anläßlich der Thronbesteigung König Christian VIII. geschaffen wurde (Abb. 2).[11] Sie zeigt auf der Hauptseite das nach rechts gewandte Reliefporträt des Königs mit der Umschrift: CHRISTIAN DEN OTTENDE AF GUDS NAADE KONIG TIL DENMARK. Auf der Reversseite sehen wir die Personifikation Dänemarks, neben sich Schild und Zepter, knieend mit flehend erhobenen Händen „für den König betend". Die Umschrift lautet hier: GUD VELSIGNE KONGEN. Im Bodensegment lesen wir: 3. DECEMBER 1839. THORVALDSEN INV. Während der Medailleur F. C. Krohn (Signatur unter dem Halsansatz des Königs) für das Porträt des Regenten einer offiziellen Vorlage folgte, schuf er die Personifikation Dänemarks nach einem Entwurf Thorvaldsens. Es handelt sich nämlich um ein Kompositmodell, bei dem Thorvaldsen auf ausdrücklichen Wunsch des Königs als „Zulieferer" fungierte.

Um die Personifikation Dänemarks hatte es nämlich eine Kontroverse gegeben, in der Vertreter der Kunstakademie monierten, daß „die Darstellung des Volkes knieend, nicht mit der Symbolik der antiken Kunst übereinstimme". Daraufhin übertrug der König Thorvaldsen die Gestaltung der schließlich ausgeführten Personifikation.[12]

Wie vergleichbare Entwürfe Thorvaldsens für Medaillen aussahen und in welchem Umfang sie durchaus bildhauerischen Vorstellungen entsprachen, auch das läßt sich gut an dem eingangs erwähnten Foto aus Nysø ersehen. Das großformatige Gipsmodell der Recto-Seite dieser Gedächtnismedaille und das der folgenden Medaille sind nämlich im Hintergrund unter den Arbeiten zuseiten des Selbstbildnis wie Gegenstücke aufgehängt.

Dagegen entspricht die von Christen Christensen (1806-1845) anläßlich der Silberhochzeit von Christian VIII. und Caroline Amalie am 22. Mai 1840 gefertigte Medaille (Abb. 3)[13] einer anderen Praxis. Während die Hauptseite hier entsprechend das Doppelporträt des Königspaares schmückt, fertigte Thorvaldsen für den Reversstempel einen Entwurf, der das Ereignis in sinnfälliger Symbolik kommentiert: „Amor knüpft Hymens Fackeln zusammmen".[14] Auf die Beteiligung mehrer Hände verweist die Inschrift THORVALDSEN INV. F. KROHN FEC. Wir haben es also mit einem kleinen Kompositwerk

Abb. 2:
F. C. Krohn: Huldigungsmedaille anläßlich der Thronbesteigung Christian VIII. (1839)

Abb. 3:
C. Christensen: Medaille zur Silberhochzeit von
Christian VIII. und Caroline Amalie (1840)

zu tun, an dem drei Künstler Anteil haben. Abermals fühlt man sich an die Entsprechungen zur Druckgrafik erinnert. Bezogen auf das mythologische Motiv handelt es sich also um eine reduzierende Übertragung des tellergroßen Gipsrelief-Entwurfs auf eine Medaille von knapp 5 cm Durchmesser und – selbstredend – aus Silber.

Die typische Variabilität und freie Kombinatorik im Verhältnis von Vorder- und Rückseite belegt eine Variante mit einem abweichenden Revers vom 28. Juni 1840. Dieses Relief gehört wie auch das folgende zur großen Zahl der Reliefdarstellungen zur Amor-Thematik an denen sich die eingangs zitierte Charakterisierung (und Kritik) durch Rave exemplarisch nachvollziehen läßt. Der kleine Handkatalog des Thorvaldsenmuseums erwähnt allein schon an die 40 Variationen, in denen sich die thematische Diversifikation spiegelt.[15] Diese Tendenz belegt auch eine ähnliche Medaille aus verwandtem Anlaß.

Anläßlich der Hochzeit des Kronprinzen Frederik Carl Christian mit Prinzessin Mariane Caroline Charlotte von Mecklenburg-Strelitz am 10. Juni 1841 wurde eine Medaille mit dem Doppelporträt der Hochzeiter geprägt (Abb. 4).[16] Das Originalmodell für das Relief der Reverse entstand gleichfalls 1840 auf Nysø und befindet sich heute im Thorvaldsenmuseum. Hier ist in entsprechender Symbolik Hymen dargestellt, der zwei Fackeln so emporhält, daß sich ihre Flammen zu einer einzigen verbinden.[17] In seiner Begleitung fliegt Amor mit Bogen, der, wie der Anlaß zeigt, seine Pfeile mit Erfolg verschossen hat.

4) KÜNSTLERPORTRÄT UND WERK:

Im Jahre 1828 schuf Gottlieb Goetze, der übrigens auch eine Medaille „auf die Einführung des Impfzwanges in Preußen" fertigte, mit der Ehrenmedaille für Thorvaldsen angeblich „seine beste Arbeit".[18] Sie konfrontiert das Bildnis des Künstlers mit einem sich in das Rund eines mächtigen Lorbeerkranzes knienden Genius der Bildhauerkunst (Abb. 5).[19] Die Attribute, die der Genius hält - in der Linken Hammer und Meißel, in der Rechten ein Modell der drei Grazien - verweisen auf den Ruhm Thorvaldsens. Denn spätestens seit dem Tode Canovas 1822 war er unumstritten der renommierteste Bildhauer in Rom, ja, in ganz Europa. Möglicherweise spielt die Gruppe der Drei Grazien auch auf den Wettstreit Thorvaldsens mit Canovas Gruppe des gleichen Themas an. Zwischen 1817 und 1819 entstand nämlich Thorvaldsens Version des Themas als Antwort auf die berühmte, 1814 vollendete Version Canovas. Als Zitat und Selbstzitat begegnet uns dieses Thema noch verschiedentlich im Kontext unseres Themas. - Heute befinden sich insgesamt drei Medaillen von Goetze in Thorvaldsens Sammlung in seinem Museum.[20]

Als der in Berlin geborene Medailleur, Graveur und Edelsteinschneider Carl Friedrich Voigt (1800-1874) in Rom 1837 den Auftrag erhielt, für die Accademia di San Luca in Rom eine Gedenkmedaille zu Ehren von Thorvaldsen, bzw. zur Centenarfeier seiner Präsidentschaft 1827/28, anzufertigen, da ging dieser Auftrag an einen renommierten Könner. Voigt gehörte damals nämlich zu den fähigsten und meistbeschäftigten Münzgraveuren und Medailleuren seiner Zeit. Als solcher wurde er von Thorvaldsen besonders gefördert. So vermittelte dieser ihm u.a. den Auftrag, die Stempel zu einer Preismedaille der Accademia Tiberiana auszuführen, wofür ihn die Akademie zu ihrem Mitglied ernannte.

Voigts Gedenkmedaille ist in diesem Sinne exemplarisch für die enge Zusammenarbeit Thorvaldsens mit Gießern und Graveuren. Künstlerische Einflüsse aus der prägenden Nähe zum großen Bildhauer und dessen Unterstützung bei der Vermittlung von Aufträgen entsprachen auf der anderen Seite die Graveure und Gießer, denen bei der Reproduktion und Verbreitung seiner Werke eine nicht zu unterschätzende Bedeutung zukam.[21] Es handelte sich also um eine Art von symbiotischer Zusammenarbeit zum gegenseitigen Nutzen.

Als „medaglista pontificio" war Voigt nicht nur für die Neuprägung der päpstlichen Scudi zuständig. Darüber hinaus war er u.a. erster Medailleur der Königlichen Münze

Abb. 4:
C. Christensen: Medaille zur Hochzeit von Kronprinz Frederik Carl Christian und Mariane Caroline Charlotte von Mecklenburg-Strelitz (1841)

Abb. 5:
Gottlieb Goetze: Ehrenmedaille für Bertel Thorvaldsen (1828)

Abb. 6:
Carl Friedrich Voigt: Gedenkmedaille für Bertel Thorvaldsen (1837)

in München, arbeitete für Ludwig I. von Bayern wie für den König von Preußen, erhielt Aufträge aus Griechenland und sogar aus Südamerika. Der großen Wertschätzung Voigts entspricht die hohe Qualität der in Silber und Bronze ausgeführten Thorvaldsen-Medaille (Abb. 6) [22]. Sie zeigt auf der Vorderseite das nach rechts gewendete Profilbildnis des Bildhauers und auf der Verso-Seite eine reproduzierende Übertragung seines Erato mit Amor-Reliefs von 1830. Das Vorbild kam den formalen Ansprüchen des Tondoreliefs in vielfacher Hinsicht entgegen.

Bezeichnend für die pragmatische Verwertungspraxis in Thorvaldsen Atelier ist nicht zuletzt die Tatsache, daß er die Szene der lyraspielenden Muse mit dem Liebesgott ursprünglich als Sockelrelief für sein Byron-Denkmal entworfen hatte. Als Vorbild diente die antike „Ara Grimani" in Venedig. Das Modell zur Reversseite der Thorvaldsen-Medaille in Wachs auf Schieferplatte bewahrt das Kopenhagener Thorvaldsen-Museum. [23]

In gewissem Sinne knüpft die 1838 geschaffene Thorvaldsen-Medaille (Abb. 7) [24] von Friedrich Anton König (1794-1844), der seit 1824 an der Königlichen Münze in Dresden tätig war, an die oben beschriebene von Goetze an, denn beide verwenden im Abstand eines Jahrzehnts das Motiv der Drei Grazien. Um 1818 entstand das Modell zu dieser Gruppe, 1820-23 die Marmorversion, die 1832 von dem Hamburger Kaufmann Konrad Heinrich Donner erworben wurde. Heute ist sie gleichfalls Eigentum des Thorvaldsen Museums.

1826 bereits hatte der Bildhauer und Medailleur Luigi Manfredini (1771-1840) eine Gedenkmedaille zu Ehren des „pittore delle grazie" Andrea Appiani (Abb. 8) in seiner Mailänder „Bronzefabrik" geschaffen. [25] Dabei stellte er das schöne, groß gesehene Profilbildnis des Künstlers auf der einen Seite einer miniaturhaften Reproduktion von Thorvaldsens Appiani-Monument in der Mailänder Pinacoteca di Brera gegenüber. Auf dieser Marmorstele erscheint nicht nur erneut eben dieses Medaillonbildnis, sondern auch die ins Relief übertragene Variante der Drei Grazien, deren rundplastische Gruppe Thorvaldsen bereits 1817-19 geschaffen hatte.

Wir sehen also gewissermaßen eine dreifach gebrochene Motiv-Paraphase, die ihren Ursprung letztlich in antiken Vorbildern hat. [26] Die Bronzemedaille wurde im Auftrage von Giovanni Eduardo de Pecis hergestellt, um mit ihrer Hilfe die Mittel für das Marmormonument zu sammeln. Dem gleichen Zweck diente, neben einem Stich des Monumentes, auch eine vergoldete Bronzereduktion, die 1826 von der Konkurrenzfirma Strazza & Thomas nach einem Entwurf Giacomo Moraglias hergestellt wurde. [27] Mit ihren Maßen 168 x 38 cm kann sie als (bewegliches) Denkmal eines (ortsfixierten) Denkmals erscheinen, hergestellt, um, ähnlich wie Medaille und Grafik, für das Projekt zu werben.

Wie bereits erwähnt, haben Medaille und (Künstler-)Denkmal eine Reihe von Berührungspunkten und funktionalen Gemeinsamkeiten. Diese Zusammenhänge bestätigt hier wie dort auch die Instrumentalisierung des Werkes zu Memorialzwecken.

Abb. 7:
Friedrich Anton König: Ehrenmedaille für Bertel Thorvaldsen (1838)

Abb. 8:
Luigi Manfredini: Medaille mit dem Appiani-Monument von Thorvaldsen (1826)

5) GEDENKMEDAILLE UND WERKKATALOG

Charakteristisch für diese Medaille ist nicht nur ihre allgemeine Affinität zum Denkmal, die man hier noch allein aus der Funktion ableiten könnte. Zugleich ist jedoch die Tendenz nicht zu übersehen, den Künstler durch sein eigenes Werk zu ehren. Bis zur Identifikation beider wird darin die im 19. Jahrhundert verbreitete Überzeugung umgesetzt, wonach das beste und eigentliche Denkmal des Künstlers sein eigenes Werk ist. In letzter Konsequenz kann es sein Bildnis verdrängen und schließlich ganz ersetzen. Der latenten Musealisierung der Medaille (resp. des Denkmals) entspricht bereits früher ihre Annäherung an die Form des Œuvreverzeichnisses. Auch dafür gibt es vielfältige Entsprechungen im Medium Denkmal.

Dieses museale Konzept einer Huldigung des Künstlers durch seine eigenen Werke setzt eine relativ kleine Ehrenmedaille für Thorvaldsen konsequent um, die Christen Christensen 1838 schuf (Abb. 9).[28] Auf der Hauptseite wird Thorvaldsens Bildnisrelief von einer Reproduktion des Alexanderfrieses gerahmt; dagegen sehen wir auf der Rückseite die Nymphe Galathea auf einem Delphin wie sie den leierspielenden Amor der Personifikation Dänemarks anvertraut: eine Anspielung auf die „Heimkehr" der Werke Thorvaldsens in seine Heimat. Eine Auswahl von 16 Hauptwerken umschließt denn auch die zentrale Gruppe wie ein breiter Friesrahmen.

Abb. 9
C. Christensen: Ehrenmedaille für Bertel Thorvaldsen (1838)

Auswahl und Anordnung der Hauptwerke folgen einem strukturierenden Konzept, das Thorvaldsens berühmten Christus im „Zenit" plaziert, flankiert von jeweils zwei Figuren christlicher Thematik. „Tag" und „Nacht" bilden dann gleichsam die Überleitung zu den acht Gruppen antikisch-heidnischer Motive mit den Drei Grazien in der Mitte. Sie bilden unten gleichsam den Gegenpol zu Christus oben. Zahlenmäßig dominieren also deutlich die heidnischen Motive - eine Anspielung auf Thorvaldsens persönliche Einstellung und Vorlieben?

Bezeichned ist, in welchem Umfang das Vorbild des Alexanderfrieses einer rhythmisierenden und komponierenden Modifikation unterzogen wird, die den ca. 35 Meter langen, ursprünglich für das Schlafzimmer Napoleons im Quirinalspalast bestimmten Fries in das Rund der Medaille einpaßt. Wie Thorvaldsen selbst bei den verschiedenen Ausführungen immer wieder kleinere Veränderungen vornahm, ihn je nach den Erfordernissen der Anbringungsorte verkürzte oder verlängerte, so folgt auch hier der Friesverlauf nicht sklavisch seinem Vorbild, sondern gleichsam einer pragmatischen Regie. Sie beginnt in der Mitte oben mit der Quadriga Alexanders, dem sich von den Seiten die Babylonier huldigend nähern. Dies entspricht auch der Mitte des Frieses auf dem Quirinal und entsprechend folgt die Reduktion dem Vorbild im rechten Halbkreis.

Als Gegenstück zum Streitwagen Alexanders oben fügt er jedoch unten den lagernden Flußgott aus dem Anfang des Frieses ein. Er ist als Einschub deutlich herausgehoben und um frei erfundene Öllampen ergänzt. Dann setzt der Friesverlauf an einer ganz anderen Stelle, doch diesen scheinbar logisch fortsetzend, ebenfalls mit Pferdeführern wieder ein und wird bis zum geflügelten Genius, der Alexander entgegenschreitet, kopiert. Es werden also Teile des Frieses weggelassen und andere umgesetzt. Thorvaldsens Arbeitsprinzip pragmatischer Verfügbarkeit scheint also adäquat auch auf seine Ehrenmedaille übertragen.

Die für dieses Œuvreverzeichnis charakteristische Verbindung von Arrangieren, Dekorieren und Dokumentieren besitzt wichtige Vorbilder bei Antonio Canova (1757-1822). Nicht erst bei seinem Requiem in Rom und nicht nur in seiner „Gipsoteca" in Possagno, auch in grafischen Dokumentationen seiner Werke finden sich formale Entsprechungen. Es ist sicher kein Zufall, daß Canova seine Werke systematisch reproduzieren ließ, um so ihre Verbreitung und Bekanntheit zu erhöhen, und daß Thorvaldsen bereits 1810 entsprechende Überlegungen anstellte, die wenig später mit den Stichen der Gebrüder Riepenhausen umgesetzt wurden. Selbst wenn man darin nicht nur Memorialstrategien erkennen will, so sind es doch Vorstufen zu Œuvreverzeichnissen.

Als Beleg sowohl für die mediale Übertragung in „uneigentliche" doch preiswerte(re) Materialien als auch für die durch sie erweiterten Verbreitungsmöglichkeiten von Motiven und Werken kann die Präsenz gerade dieses Werks in einer der ersten Ausstellungen des Oldenburger Kunstvereins gelten. Aus dem Gründungsjahr des Kunstvereins berichtet der Chronist: „Zwei Medaillen in Biscuit nach Thorwaldsen und eine von Christensen, Kopenhagen, mit Thorwaldsens Porträt und Abbildungen seiner Hauptwerke gaben knappe Kunde von Werken des damals so angesehenen Bildhauers." [29]

Die so erschlossenen Möglichkeiten kamen natürlich in erster Linie auch den Künstlern selber zugute, denn mit den Werken auf Medaillen waren zugleich Vorbilder verfügbar. Christian Daniel Rauch (1777-1857), als Kopf der Berliner Bildhauerschule einer der bedeutendsten Bildhauer des 19. Jahrhunderts, verband seit ihrem frühen Zusammentreffen in Rom mit Thorvaldsen eine enge Freundschaft. Eine Annäherung der beiden Bildhauer auch in den Formen der ihnen gewidmeten Ehrenmedaillen mag deshalb nahegelegen haben.

Rauchs Hauptwerk ist sein Monumentaldenkmal für Friedrich den Großen Unter den Linden in Berlin. Aus Anlaß der Denkmalsenthüllung erschienen 1851 nicht nur zahlreiche Publikationen, Hymnen und Gedichte auf das Friedrich-Denkmal und seinen Schöpfer, sondern auch eine von Wilhelm Kullrich geschaffene Gedenkmedaille in Bronze, Silber und Gold, die auf der einen Seite das gesamte Denkmal, auf der anderen nur die Reiterstatue zeigt. Sie wurde freilich übertroffen durch eine bronzene „Ehrenplakette", die mit einem Durchmesser von nicht weniger als 19 cm selbst den Charakter eines Monumentes besitzt (Abb. 10). [30]

Abb. 10 a:
August Fischer: Ehrenplakette für Christian Daniel Rauch (1851)

Sie ist ein Werk von August Fischer (1805-1866) und wurde Rauch von der Berliner Akademie nach der Enthüllung des Denkmals feierlich überreicht. Rauchs Profilbildnis auf der einen und das Friedrich-Denkmal mit der Jahreszahl 1851 auf der anderen Seite sind einander gegenübergestellt. Von besonderem Interesse ist jedoch für unser Thema der 3,5 cm breite Randstreifen, der das Friedrichmonument als primus inter pares, als Hauptwerk unter Hauptwerken zeigt: Ins Flachrelief übersetzt erscheinen hier alle bis dahin geschaffenen wichtigen Werke Rauchs. Sie werden jedoch nicht wie beim Vorbild in additiver Reihung gezeigt, sondern zu einem friesartigen Kontinuum arrangiert, so daß sie eher dem Alexanderfries ähneln.

Formal wirkt dieses OEuvreverzeichnis also wie eine Verschmelzung des Alexander-frieses auf der Porträtseite mit der additiven Folge der Hauptwerke auf der Rückseite der Thorvaldsen-Medaille. Wie auch immer: Zweifellos setzt das Medaillon für Rauch die Thorvaldsen-Medaille voraus. Unter diesem Aspekt betrachtet erscheinen sie bei-läufig auch als Dokument einer lebenslangen Freundschaft. Rauch starb 1857. Im gleichen Jahr erschien der vierte Band von F.C. Hillerup „Thorvaldsen og Hans Voerker", der beide Seiten der Medaille auf seinem Titelblatt abbildet.[31]

1849, also fünf Jahre nach Thorvaldsens Tod, schuf einer der führenden dänischen Medailleure, Harald Conradsen (1817-1905), in Rom eine bronzevergoldete Gedächtnis-medaille zu Ehren des Bildhauers (Abb. 11).[32] Conradsen, der zahlreiche Porträt-medaillen entwarf, hat auch eine Reihe von Kameen nach Vorlagen von Thorvaldsen geschnitten; ein Porträt-Medaillon Thorvaldsens in Karneol von seiner Hand bewahrt das Museum in Kopenhagen.[33]

Ursprünglich sollte die Memorialmedaille unmittelbar nach Thorvaldsens Tod geprägt werden. Dem Anlaß entsprechend hat sie denn auch in mehrfacher Hinsicht den Cha-rakter eines Miniaturdenkmals: Auf der Vorderseite reproduziert sie Thorvaldsens Selbst-bildnis-Standbild als neuer Phidias. Umlaufend wird das Standbild von einer Inschrift gerahmt: ALBERTVS THORVALDSEN - DANVS SCVLPTOR und kleiner NAT: XIX NOVR: MDCCLXX - DENAT: XXIV MART: MDCCCXLIV. Die Rückseite zitiert Thorvaldsens Relief einer Quadriga mit Wagenlenkerin, über der ein Genius mit einem Kranz schwebt. Es könnte sich um eine Variation einer Detailgruppe aus dem Alexanderfries handeln, bei der die Hauptperson - Alexander - weggelassen wurde, denn hier vertritt ihn gleich-sam der Künstler selber.

Die memoriale Verbindung von Künstlerdenkmal und musealer Inszenierung der Kunst-werke wie sie die Ansicht von Thorvaldsens letztem Atelier auf Nysø überliefert, ist schließlich auch ins memoriale Medium der Medaille eingegangen. Es scheint, als schlie-ße sich der Kreis.

Abb.11:
Harald Conradsen: Gedächtnismedaille für Bertel Thorvaldsen (1849)

Anmerkungen:

1   Vgl. allgemein Peter Springer, Der Tod in Rom, in: Kunstchronik, 46. Jg., Nov. 1993, Heft 11, S. 666-681.
2   Paul Ortwin Rave, Thorvaldsen, (Die Kunstbücher des Volkes, Bd. 44), Berlin 1947, S. 133-135.
3   Vgl. u.a. Bjarne Jømaes, Berlin und Skandinavien, in: Ausst. Kat. Ethos und Pathos. Die Ber-liner Bildhauerschule 1786-1914, hrsg. von Peter Bloch / Sibylle Einholz / Jutta von Simson, Bd.: Beiträge, Berlin 1990, 5. 83-85. - Ausst.Kat. Künstlerleben in Rom. Berthel Thorvaldsen (1770-1844). Der dänische Bildhauer und seine deutschen Freunde, Germanisches Nationalmuseum Nürnberg u. Schleswig-Holsteinisches Landesmuseum Schloß Gottorf, Schleswig 1991/92, S. 524-526, Kat.Nr. 4.20.
4   Wolfgang Prinz, Die Sammlung der Selbstbildnisse in den Uffizien, Bd. 1 : Geschichte der Sammlung, (Italienische Forschungen hrsg. vom Kunsthistorischen Institut in Florenz, 3. F./ Bd. V,1), Berlin 1971, S. 13 u. 24.
5   Ich stütze mich vor allem auf: Vilhelm Bergsøe, Danske Medailler og Jetons fra 1789-1891, Kopenhagen 1893. Kirsten Bendixen, Thorvaldsen og Medaljekunsten, Thorvaldsens Muse-um, Kopenhagen 1980.
6   Vgl. Peter Springer, Thorvaldsen zwischen Markt und Museum, in: Ausst.Kat. Nürnberg/Schleswig 1991/92 (siehe Anm. 3), S. 211-221. In leicht modifizierter Form wiederabgedruckt in: Ange-lika Brand u. Kirsten Wagner (Hrsg.), KunstRINGt, Oldenburg 1997, S. 89-109.
7   Vgl. dazu u.a. Ausst.Kat. Nürnberg/Schleswig 1991/92 (siehe Anm. 3), S. 562f., Kat.Nr. 5.9; vgl. auch 5.8 u. 7.17/18.

8 Medaille mit dem Doppelporträt der Prinzessin Luise von Preußen und Prinz Ferdinand der Niederlande, 1825 geschaffen anläßlich der Hochzeit des Paares von Heinrich Gube (1805-1848). Vgl. Bendixen 1980 (siehe Anm. 5), Nr. 36.

9 Torben Melander, Thorvaldsens Verhältnis zur Antike, in: Ausst.Kat. Nürnberg/Schleswig 1991/92 (siehe Anm. 3), S. 296. Vgl. auch Ludvig Müller, Musée Thorvaldsen, Bd. 3: Description des Antiquités, Kopenhagen 1847, bes. c: Monnaies antiques. Ausst.Kat. Bertel Thorvaldsen 1770-1844 scultore danese a Roma, Galleria Nazionale d'Arte Moderna, Rom, 1989/90, Rom 1989, bes. 302-307.

10 Jørgen Birkedal Hartmann u. Klaus Parlasca, Antike Motive bei Thorvaldsen. Studien zur Antikenrezeption des Klassizismus, Tübingen 1979.

11 Bendixen 1980 (siehe Anm. 5), Nr. 19.

12 Just Mathias Thiele, Thorvaldsen's Leben nach den eigenhändigen Aufzeichnungen, nachgelassenen Papieren und dem Briefwechsel des Künstlers, 3. Band, Leipzig 1856, S. 73f.

13 Bendixen 1980 (siehe Anm. 5), Nr. 20.

14 Thorvaldsens Museum, Kopenhagen 1960, 5. 90, Nr. 453.

15 Ebd., S.156f. Vgl. auch die zahlreichen Beispiele bei Hartmann/Parlasca 1979 (siehe Anm. 10)

16 Bendixen 1980 (siehe Anm. 5), Nr. 21.

17 Just Mathias Thiele (siehe Anm. 12, S. 74-76) und F. C. Hillerup (Thorwaldsen's Arbeiten und Lebensverhältnisse im Zeitraume 1828-1844, 2. Teil, Kopenhagen 1857, S. 24 zu Taf. 161) deuten die Darstellung allerdings so, als entzünde Hymen die eine Fackel an der anderen.

18 Beide Zitate: Thieme/Becker, Künstlerlexikon, Bd. XIV, S. 326.

19 Bendixen 1980 (siehe Anm. 5), Nr. 2.

20 Möller Nr. 88-90. Vgl. Bendixen 1980 (siehe Anm. 5), S. 23.

21 Vgl. Ausst. Kat. Nürnberg/Schleswig 1991/92 (siehe Anm. 3), 5. 623, Kat. Nr. 6.15.

22 Bendixen 1980 (siehe Anm. 5), Nr. 6. Hartmann / Parlasca 1979, S. 167, Tafl 115.

23 Nach Harald C. Tesan, in: Ausst.Kat. Nürnberg/Schleswig 1991/92 (siehe Anm. 3), S. 623f., Kat. Nr. 6.15.

24 Bendixen 1980 (siehe Anm. 5), Nr. 9.

25 Bendixen 1980 (siehe Anm. 5), Nr.28.

26 Hartmann / Parlasca 1979 (siehe Anm. 10) S. 109-117, bes. 5. 114f., Taf. 52-59.

27 Ausst. Kat. Rom 1989/90 (siehe Anm. 8), S. 190-192, Kat. Nr. 56.

28 Bendixen 1980 (siehe Anm. 5), 526-29, Nr. 7 u. 8. Die bronzevergoldete Medaille besitzt nur einen Durchmesser von 62 mm.

29 Jürgen Weichardt, 1843-1968: 125 Jahre Oldenburger Kunstverein, Beiträge zu seiner Geschichte von Jürgen Weichardt, Hrsg. OKV, Oldenburg 1968, S.12.

30 Peter Bloch, Ein »Œuvrekatalog« von Christian Daniel Rauch, in: Festschrift Klaus Lankheit zum 20. Mai 1973, Köln 1973, S. 207-209, Vgl. auch Peter Springer, Eirene und die Folgenden. Das Skulpturenprogramm des Belle-Alliance-Platzes in Berlin zwischen staatlicher Autorität und städtischer Autonomie, in: Festschrift für Peter Bloch zum 11. Juli 1990, Mainz 1990, S. 305-316, bes. Anm. 13. - Jutta von Simson, Christian Daniel Rauch. OEuvre-Katalog, Berlin 1996, Kat.Nr. 188, S. 308 (mit Abb.), allerdings ohne Nennung des Vorbildes von Fischer. - Vgl. auch Peter Springer, (Rezension) Jutta von Simson, Christian Daniel Rauch..., in: Zeitschrift für Kunstgeschichte, 61. Bd., 1998, Heft 1 , S. 140-1143.

31 F. C. Hillerup, Thorvaldsen og Hans Voerker, Texten forkortet eifer Thiele, Fierde Deel, Kopenhagen 1857, Abb. auf dem Titelblatt. - F. C. Hillerup, Thorvaldsen's Arbeiten und Lebensverhältnisse im Zeitraum 1828-44. Nach dem dänischen Originale bearbeitet und verkürzt von F. C. Hillerup, 2 Bde., Kopenhagen 1854-57.

32 Bendixen 1980 (siehe Anm. 5), S. 30-33, Kat.Nr. 10 (mit ausführlicher Diskussion der Entstehungsgeschichte dieser Medaille).

33 Nach Leo Swane, Harald Conradsen, in: Thieme/Becker, Künstlerlexikon, Bd. VII, S. 31 5f.

Berend Irps

DIE MEDAILLEN AUF
JOHANN HEINRICH VON THÜNEN (1783-1850)

Nationalökonom-Agrarpolitiker-Agrarwissenschaftler - Musterlandwirt-Sozialreformer

Verläßt man Jever in Richtung Nordosten so kommt man nach Waddewarden. Gleich hinter Waddewarden trifft man auf eine der typischen friesischen, mit Ulmen bewachsenen Hofzufahrten. An derem Ende liegt ein in Ost-West-Richtung errichtetes Bauernhaus, der Hof Canarienhausen.

Am 26. Juni 1783 wurde Johann Heinrich von Thünen auf diesem Hof geboren und hat dort bis 1789 gelebt. Nach dem sehr frühen Tod seines Vaters heiratete seine Mutter den angesehenen, weltoffenen, gebildeten und vermögenden Holzgroßkaufmann Christian Dietrich von Buttel sen. zu Hooksiel. Verständlich, daß die Mutter mit ihren beiden Söhnen auch nach Hooksiel zog. Der Stiefvater erzog die beiden Knaben in väterlicher Fürsorge und erkannte schnell die Vorliebe Johann Heinrichs für die Mathematik. Zunächst lernte Johann Heinrich an der Ortsschule in Hooksiel. Er bekam dort Unterricht in Mathematik und von dem naturbegeisterten Pfarramtskandidaten Ehrentraut auch Unterweisungen in den Naturwissenschaften. Ehrentraut förderte so auch Thünens Verständnis für die Landwirtschaft. Nach der Grundschule besuchte Thünen 1789 bis 1796 die „Hohe Schule" von Jever, das heutige Mariengymnasium. Nach erfolgreichem Abschluß der „Hohen Schule" zu Jever entschloss sich von Thünen, den Beruf seiner Väter zu ergreifen. Er begann als Eleve auf dem Hof zu Gerritshausen im Jeverland eine Landwirtschaftslehre. Sein Lehrherr, von Tungeln, weihte ihn in alle Arbeiten, die im Laufe eines Jahres in der Landwirtschaft anfallen, ein. Aber Thünen gab sich schon in dieser Zeit nicht mit den einfachen Arbeitsabläufen zufrieden. Er war immer bemüht, mehr Wissen zu erwerben und Leute kennenzulernen, die schon mehr konnten als er. Dabei lernte er gegen Ende seiner Lehrzeit die jungen Landwirte Egt und Irps kennen, die ihn mit den neuesten landwirtschaftlichen Schriften vertraut machten. Dadurch angeregt, gelangte er zu der Erkenntnis:

„Suche, soviel wie möglich den Umgang mit guten Landwirten zu erhalten. Nichts übt mehr als Gespräche über landwirtschaftliche Gegenstände, und man erwirbt sich dadurch auch einige, jedem so nötige, Menschenkenntnis."

Nach der landwirtschaftlichen Lehre erfolgte die akademische Ausbildung von 1802 - 1804. Begonnen hatte sie auf der Landwirtschaftlichen Lehranstalt zu Flottbeck bei Hamburg und wurde in Celle auf dem Lehrinstitut bei Albrecht Daniel Thaer fortgesetzt. In dieser Zeit hatte von Thünen schon die Idee des „Isolierten Staates", die er später in ein Buch faßte. Er entwickelte erstmals den Gedanken der „Kreislehre" mit jener Skizze, die auf der 1995 herausgegebenen Erinnerungsmedaille wiederzufinden ist.

Im Oktober 1803 schrieb sich von Thünen als Student an der Universität Göttingen ein. um dort seine Ausbildung abzuschliessen. Er hörte dort Vorlesungen bei Friedrich Martens, Blumbach, Gmelin, Beckmann und Satorius. Nach Beendigung seiner akademischen Ausbildung ging von Thünen auf eine Studienreise, die ihn über Sachsen, Mecklenburg und Holstein zurück in die Heimat führte.

Abb. 1:
Johann Heinrich von Thünen

In Göttingen hatte er eine persönliche Einladung vom Vater seines Studienkollegen Otto Berlin, dem Herzoglich Mecklenburg-Strelitzer Hofrat Jacob Ernst Friedrich Berlin, Erbherr auf dem Gut Liepen, bekommen. Von Thünen lernte dort dessen Tochter Helene kennen und verlobte sich mit ihr am 26. Oktober 1804. Am 14. Januar 1806 heiratete von Thünen Helene Berlin. Das junge Paar pachtete das Gut Rubkow. 1810 erwarb er das 465 ha große Gut Tellow in Mecklenburg, nachdem er seinen Hof im Jeverland verkauft hatte. In Tellow begannen 40 Jahre erfolgreicher praktischer Arbeit mit intensiven wissenschaftlichen Studien. Das Gut Tellow wurde durch seine Forschungsarbeiten später weltbekannt und zum „klassischen Boden der Nationalökonomie" in Deutschland.

Seine Hauptziele in der Tellower Zeit bestanden darin, *„die Praxis in den Dienst der Wissenschaft zu stellen und auch umgekehrt, die Praxis durch die Wissenschaft zu befruchten."*

Die Forschungstätigkeit von Thünens umfaßte nach Ansicht des Thünen-Forschers Asmus PETERSEN vier Hauptthemen:
1. Landwirtschaftliche Abschätzungslehre
2. Lehre von der Bodenfruchtbarkeit
3. Eingliederungslehre (Landwirtschaftliche Intensitäts- und Standortlehre, dargestellt an den „Thünenschen Kreisen, modellhaft für die Einordnung der Landwirtschaft in die damalige Wirtschaft, d.h. den Einbau der Landwirtschaft in die Marktwirtschaft.)
4. Lehre vom „naturgemäßen Arbeitslohn" als Teil der Soziallehre. Lehre von der wirtschaftlichen und sozialen Eingliederung der landbautreibenden Bevölkerung in die menschliche Gesellschaft.

In den folgenden Jahren sammelte von Thünen die Grundkenntnisse für sein 1826 erscheinenes Standartwerk:
„Der isolierte Staat in Beziehung auf Landwirtschaft und Nationalökonomie", welches später Weltgeltung erlangte.

Der erste Teil des „Isolierten Staates" behandelt die Einflüsse des Marktes auf die rationelle Organisation des landwirtschaftlichen Produktionsprozesses und beinhaltet die Eingliederung der Landwirtschaft in den Gesamtorganismus der Volkswirtschaft. Dargestellt wurde das an den weltbekannten „Thünschen Kreisen". Johann Heinrich von Thünen gelangte in seinen Untersuchungen „Der isolierte Staat" zu sechs großen, sich kreisförmig um eine Stadt (Markt) gruppierende Anbauzonen, für deren Bodennutzung und Bewirtschaftungsintensität die Transportkosten zu seiner Zeit der bestimmende Faktor waren. In der Nähe des Marktes wurden solche Produkte angebaut, die im Verhältnis zu ihrem Wert ein großes Gewicht hatten oder einen großen Raum einnahmen, deren Transportkosten zum Markt also bedeutend sind oder die einem schnellen Verderb unterliegen. Aus diesem Grunde werden sich um die Stadt Zonen legen, in welchen ein bestimmtes Gewächs das Haupterzeugnis ist. Mit grösseren Entfernungen von der Stadt wird aber das Land immer mehr auf die Erzeugung derjenigen Produkte verwiesen, die im Verhältnis zu ihrem Wert mindere Transportkosten erfordern.

Bereits 1802 als landwirtschaftlicher Lehrling beschäftigte sich von Thünen mit der Wirkungsweise gebräuchlicher Ackergeräte. Zwischen 1830 und 1840 führte er Versuche durch, auf mechanische Weise die Ackerkrume wirksam zu vertiefen. Der damals schwerzügige mecklenburgische Hakenpflug, wühlte den Boden nur auf, wendete ihn aber nicht. Thünen konstruierte 1834 einen Hakenpflug, der gleich drei Vorteile brachte: In der Krümelung des Bodens kam er dem Haken gleich, der Boden wurde aber auch wie beim Pflug gewendet und außerdem konnte eine tiefere Bodenbearbeitung erreicht werden. Durch die Anwendung des neuen Thünenschen Pfluges konnte in den darauffolgenden Jahren eine Vertiefung der Bodenbearbeitung von fünf bis sieben Zoll erreicht werden.

Neben den Veränderungen am Pflug waren auch andere Maßnahmen eingeleitet worden, die zur Steigerung der Arbeitsproduktivität bis zu 30 % und einer höheren Bodenfruchtbarkeit führten, wodurch man die Betriebskosten senkte.

Auf den damals in Mecklenburg stattfindenden Ausstellungen landwirtschaftlicher Geräte fand der Thünensche Hakenpflug große Beachtung. 1952 wurde das Prinzip des Thünenschen Pfluges bei der Neukonstruktion der heute verwendeten Anbaupflüge wieder verwendet.

Abb. 2:
Gedenktafel zur Erinnerung an Johann Heinrich von Thünen im Garten des Hofes von Canarienhausen

1850 erschien der zweite Teil seines Werkes „Der Isolierte Staat". Darin wurde der „naturgemäße Arbeitslohn und dessen Verhältnis zum Zinsfuß und der Landrente" behandelt.

Von Thünen suchte, entwarf und praktizierte hier die soziale Absicherung der Dorfbewohner in Tellow, die auf seinem Gut arbeiteten. Die Grundlage dazu war das „Tellower Gewinnbeteiligungsprojekt". Es war ein sozialreformerisches Modell von natürlichem

Avers: Kopfbild nach links, mit Kragen und kurzem Haar und Backenbart
             Umschrift: „JOHANN HEINRICH VON THÜNEN, 1783-1850"
Revers: Leuchtturm der Insel Neuwerk, über Eck gesehen, links der Kopf eines Seehundes (der
             Leuchtturm der Insel Neuwerk ist Hamburgs ältestes Bauwerk
             Unterschrift (zweireihig): STIFTUNG F.V.S./HAMBURG

             Umschrift (oben nach rechts beginnend): „FÜR BEISPIELHAFTE BETRIEBS-
             WIRTSCHAFTLICHE LEISTUNGEN"

Die Medaille hat keinen Randstab

Auftraggeber: Stiftung F.V.S., Hamburg
Medailleure: Hans Martin Ruwoldt, Manfred Sihle-Wissel
Prägeanstalt: Hamburgische Staatsmünze
Metall: Gold, Durchmesser: 50 mm, Gewicht: 94,66 gr.

Die Verdienstmedaille wurde von 1966 bis 1997 fünfundzwanzig mal verliehen.

Arbeitslohn: Die soziale Absicherung der Tellower Landarbeiter wurde durch die Festsetzung jährlicher Gewinnanteile spürbar verbessert. Diese wurde von 1847 bis 1896 festgeschrieben.

Jede Familie erhielt somit in den 49 Jahren der Gewinnbeteiligung einen Kapitalfonds von 3354,30 Reichsmark. Der Zinsbetrag hieraus wurde ab dem 60. Lebensjahr alljährlich ausgezahlt. Für die Altersversorgung der damaligen Zeit war dies ein außergewöhnlicher Vorgang.

Am 22. September 1850 verstarb Johann Heinrich von Thünen auf seinem Gut Tellow. Beigesetzt wurde er in seiner Wahlheimat Mecklenburg auf dem Dorffriedhof in Belitz.

Das Gut Tellow und das von Thünensche Gedankengut blieben fast einhundert Jahre unbeachtet. Erst nach 1945 gelangte der Name von Thünen durch den von Thünen-Forscher Asmus PETERSEN in der wissenschaftlichen Welt wieder zur Anerkennung. Zehn Jahre später hat der Landwirtschaftslehrer Rolf-Peter BARTZ von Thünen und seine wissenschaftlichen Arbeiten auch der Öffentlichkeit wieder zugänglich gemacht.

Dass von Thünen und sein Wirken auch im Oldenburgischen nicht vergessen war, zeigt ein Bericht in der Beilage „Zwischen Saat und Ernte" der Nordwest-Zeitung vom 27. September 1950, der hier wegen der besonderen Wertschätzung von Thünens wörtlich wiedergegeben werden soll:

„Vor über 100 Jahren gesprochen und heute noch wahr!

Johann Heinrich von Thünen, der große Sohn des Jeverlandes,
über die lebenswichtigste Frage unserer Zeit.

Am 28. April 1848 überreichten Magistrat und Bürgerschaft der Stadt Teterow dem Dr. Johann Heinrich von Thünen, dem jeverländischen Bauernsohn, auf seinem Gut Tellow den Ehrenbürgerbrief der Stadt. Anläßlich dieses feierlichen Ereignisses fand Johann Heinrich v. Thünen Worte, die für unsere Zeit gesprochen sein könnten. Worte, die das Ziel, das unsere Wirtschaftspolitik anzustreben hätte, in voller Klarheit aufzeigen. Von Thünen sagte damals:

„Sie, die Bürger einer Stadt, begrüßen freundlich heute einen Landbewohner. Hierin erblicke ich freudig die ersten Vorboten einer Zeit, wo Stadt und Land, die sich bisher so fremdartig gegenüberstanden und so oft ihre Sonderinteressen verfolgten, sich freundlich die Hand reichen und in dem Streben nach dem Wohl des ganzen Staates ihren Vereinigungspunkt finden werden. Stadt und Land üben in Beziehung auf den Wohlstand eine stete, nie ruhende Wechselwirkung aufeinander aus. Beide sind innig miteinander verflochten, und nur Beschränktheit der Einsicht kann wähnen, den Wohlstand des einen Teiles auf Kosten des anderen Teiles heben zu können. Möchten die Vertreter auf unseren künftigen Landtagen von der Kenntnis durchdrungen, von dem

Gedanken beseelt sein, daß Stadt und Land, wie alle aktiven Stände, Glieder eines organischen Körpers sind, von welchen keines verletzt werden kann, ohne daß die übrigen Glieder mitleiden, und daß nur in der Gesundheit und Kraft des ganzen Organismus das Wohl der einzelnen Glieder zu finden ist."

Die Führung des Landvolkes in Weser-Ems wie überhaupt des deutschen Bauernverbandes, ist auch heute redlich bemüht, diese Worte Johann Heinrich v. Thünens zum Gemeingut aller Deutschen zu machen, daß sie danach handeln möchten. Sie ringt mit allen Kräften um das Verständnis für jene, nie ruhende Wechselwirkung, um das Verständnis für die naturgegebenen Produktionsgesetze der landwirtschaftlichen Erzeugung, um das Verständnis dafür, daß man den Wohlstand des einen Teiles nicht auf Kosten des anderen heben kann. Darum tritt das Landvolk immer wieder dafür ein, daß der Kaufkraft der Verbraucher durch stetige mittlere Lebensmittelpreise, die Beiden, Erzeugung und Verbrauch, ihr Recht lassen, Rechnung getragen wird. Darum weist das Landvolk immer wieder auf die Notwendigkeit des Preisausgleiches zwischen Industrie und Agrarproduktion hin. Mögen auch unsere führenden Politiker die Worte dieses großen Deutschen in ihrem Verstande, aber auch in ihrem Herzen bewegen.

S. V."

1969 erfolgte die Gründung des Thünen-Museums. In den folgenden Jahren wurde es weiter ausgebaut. 1990 wurde die „Thünen-Gesellschaft e.V." gegründet zur Wahrung und Verwirklichung humanistischer, sozialer und kultureller Interessen. 1993 übernahm die kommunale „Kulturstiftung Teterower Kreis" das Museum.

Es gibt auch eine Alfred-Toepfer-Stiftung F.V.S., die den Justus von Liebig-Preis und die Johann-Heinrich-vonThünen-Medaille verleiht. Der Gründer der Stiftung F.V.S. zu Hamburg war Herr Dr. h.c. Alfred Toepfer, Eigentümer des Gutes Siggen in Heringsdorf/Holstein von 1932 bis 1963. Jetziger Eigentümer des Gutes ist die Stiftung F.V.S.-Hamburg.

Die Buchstaben F.V.S. sind keine Abkürzung, der Stifter hat auch nie eine öffentliche Auflösung gegeben. Er hatte dabei vermutlich seine Vorbilder Freiherr von Stein und Friedrich von Schiller im Sinn gehabt. In der Präambel der Satzung dieser Stiftung heißt es:

"Die Alfred-Toepfer-Stiftung F.V.S. stellt den Justus-von-Liebig-Preis seit 1949 und die Johann-Heinrich-von-Thünen-Medaille in Gold seit 1966 zur Verfügung. Diese Auszeichnungen werden jährlich im Wechsel verliehen. Sie sind mit drei Europa-Studienreisestipendien verbunden.

Die Auszeichnungen sollen die Entwicklung in der europäischen Agrarwirtschaft sowie deren Ansehen in der Öffentlichkeit fördern. Sie werden durch die Agrarwissenschaftliche Fakultät der Christian-Albrechts-Universität zu Kiel verliehen.

Um von Thünen der interessierten Bevölkerung näher zu bringen, ist nicht nur das Thünen-Museum in Tellow eingerichtet worden, es erschien 1995 auch eine Silbermedaille im Auftrage des Museums, die von der Reichauer GmbH in Idar-Oberstein geprägt wurde.

Avers:　Brustbild nach halbrechts im Linienkreis, mit kurzem Haar und Backenbart, bekleidet mit Rock, Weste und Halsbinde,
Umschrift oben halbrund: ,,JOHANN HEINRICH VON THÜNEN" Umschrift unten halbrund: ,,24.6.1783-22.9.1850"

Revers:　Die Thünenschen Kreise, darunter der Thünensche Hakenpflug nach rechts,

Inschrift oben halbrund: ,,DIE THÜNESCHEN KREISE" Darunter sechs grosse, sich kreisförmig um ein Zentrum (Stadt, Markt) gruppierende Anbáuzonen (Kreise). Zwischen den halbrunden Kreisen aufgeführt die einzelnen Regionen.
Von oben beginnend mit:
,,JAGD / VIEHZUCHT / DREIFELDER-WIRTSCHAFT / KOPPEL-WIRTSCHAFT / FRUCHTWECHSEL-WIRTSCHAFT / FORST-WIRTSCHAFT / FREIE-WIRTSCHAFT"

Unter dem Thünenschen Hackenpflug der Herausgeber der Medaille:
,,THÜNEN-MUSEUM-TELLOW / IN MECKLENBURG /999", Firmenlogo

Metall: Feinsilber 999/1000, Durchmesser: 35 mm, Gewicht: 15 gr.
Limitierte Auflage 500 Stück, Randnumerierung,
Firmenlogo der Fa. Reischauer, Idar-Oberstein: Sechseck mit drei Pfeilen nach aussen und drei Pfeilen nach innen.

1966 ist zum ersten Mal von der Stiftung F.V.S. zu Hamburg die Johann-Heinrich-von-Thünen-Medaille in Gold verliehen worden, als Auszeichnung bedeutsamer, richtungweisender betriebswirtschaftlicher Leistungen in der europäischen Landwirtschaft.

Sie wurde von 1966 bis 1983 jährlich und dann alle zwei Jahre in einer akademischen Feier von dem Dekan der Agrarwissenschaftlichen Fakultät der Christian-Albrecht-Universität in Kiel überreicht.

Die Thünen-Medaille als solche wird nicht ausgeschrieben, wie es bei Medaillen zu anderen Zwecken üblich ist. Der namhafte Hamburger Bildhauer Hans Martin Ruwoldt und nach seinem Tode in den siebziger Jahren der Künstler Manfred Sihle-Wissel wurden mit der Gestaltung und Anfertigung beauftragt.

Im Jahre 1967 ist dem Bildhauer und Graphiker Martin Ruwoldt aus Hamburg der, im Jahre 1959 ebenfalls von der gemeinnützigen Stiftung F.V.S. zu Hamburg geschaffene, Joost-van-den-Vondel-Preis zuerkannt worden, der für hervorragende Leistungen im Schrifttum, in der Malerei, der Bildhauerei, der Musik sowie auf dem Gebiete der Architektur vergeben wird.

Literaturverzeichnis:

1. Kulturstiftung Teterower Kreis, von Thünen-Museum-Tellow in Mecklenburg,
2. Johann Heinrich von Thünen. Zitate des genialen Land- und Volkswirts und Humanisten, herausgegeben von Rolf-Peter Bartz, 1995
3. Johann Heinrich von Thünen. Zeittafel über das Leben und Wirken des genialen Land- und Volkswirtes und Humanisten, herausgegeben von Rolf-Peter Bartz, Horst Krüger und Hans-Joachim Mohr, 1995
4. Entdeckungen in Mecklenburg, Das von Thünen-Museum, 1994
5. Alfred-Töpfer-Stiftung Hamburg, Satzung der Stiftung,
6. Festschrift zur Verleihung des Justus von Liebig-Preises und der Johann-Heinrich-von Thünen-Medaille, 1985
7. Biographisches Handbuch zur Geschichte des Landes Oldenburg, Oldenburg 1992
8. Nordwest-Zeitung Oldenburg vom 27.9.1950, Beilage „Zwischen Saat und Ernte"

Eckhard Schmidt

FRIEDRICH CHRISTOPH SCHLOSSER (1776-1861)
- Eine berühmte Persönlichkeit aus Jever im ehemaligen Großherzogtum Oldenburg auf zwei Medaillen des 19. und 20. Jahrhunderts. -

Dr. phil., Dr. jur. h.c. Friedrich Christoph Schlosser, Historiker, Universitätsprofessor, *17. 11. 1776 Jever, † 23.09.1861 Heidelberg

Friedrich Christoph Schlosser wurde am 17. November 1776 als Sohn des Advokaten Carl Wilhelm Schlosser und seiner Ehefrau der Kaufmannstochter Weyke Maria geb. Mehrings in Jever geboren. Er wuchs als jüngstes von 12 Kindern mit neun Brüdern und zwei Schwestern bis zum sechsten Lebensjahr im Hause seiner Eltern in Jever in der St. Annenstraße Nr. 27 auf. Die Trunksucht des Vaters und die unverhältnismäßig strenge Erziehung seiner Mutter bescherten dem jungen Schlosser eine freudlose Kindheit und Jugend. Sein Vater verstarb als er sechs Jahre alt war. Er kam danach zu seiner Tante ins Haus und erhielt in der Dorfschule ihres Wohnortes in Hooksiel seine erste schulische Ausbildung.

Zitat aus Schlossers Selbstbiographie:
„Diese Jahre haben einen unauslöschlichen Eindruck in mir hinterlassen, ihnen schreibe ich den Hang nach Einsamkeit, nach dem Genuß der Natur und die Freude am Idyllischen zu. Da war Ruhe, war Wohlstand des Hauses einer reichen und kinderlosen Witwe. Reinlichkeit und Behaglichkeit, die Achtung und der Einfluß, den sie besaß, verschafften mir dort andere Aufmerksamkeit aller Einwohner, eine ganz andere Behandlung als zu Hause, wo Armut und Geringschätzung, welche dieser stets folgt, mit den Ansprüchen meiner stolzen Mutter im ewigen Kontrast waren."

Nach dem Besuch der Provinzialschule seiner Heimatstadt, die er erfolgreich mit dem Abitur verließ, ging er Ostern 1794 an die Universität Göttingen wo er Theologie, Geschichte, Literatur und Mathematik studierte. Es folgten 10 Jahre der Tätigkeit als Hauslehrer. Zunächst im Alter von nicht ganz 21 Jahren kehrte er nach Jever zurück und erhielt Weihnachten 1796 auf Empfehlung eine Stellung als Hauslehrer beim Grafen Bentinck-Rhoon in Varel, die er etwa 1 1/2Jahre ausübte. Im Oktober 1798 nahm er die Stellung eines Hauslehrers bei einer Kaufmannsfamilie in Hamburg - Otmarschen an, die er bis Mai 1800 inne hatte.

Von 1800 - 1808 war er im Hause des angesehenen Kaufmanns Georg Meyer in Frankfurt/M als Hauslehrer angestellt. Hier eignete er sich die philosophische, theologisch-pädagogische und historische Literatur der Aufklärung in umfassender Breite an, die sein ganzes weiteres Leben in entscheidender Weise beeinflußen sollte. Er selbst bezeichnete später in seiner Selbstbiographie diese Zeit, als die wichtigste seines Lebens. In dieser Zeit veröffentlichte er sein erstes Werk: Abälard und Dulcin (1807), dem weitere Bücher folgen sollten.

Im Jahre 1808 kehrte er - einem Ruf seines ehemaligen Rektors der Provinzialschule folgend - in seine Heimatstadt Jever zurück, um dort die vakante Stellung eines Konrektors anzunehmen. Aber schon 1810 gab er diese Stellung wieder auf, da er es in der abgelegenen Kleinstadt nicht aushielt. Er kehrte nach Frankfurt zurück und erwarb auf dem Weg dahin in Gießen den Titel Dr.phil..

Abb 1:
Bildnis von Friedrich Christoph Schlosser

Sein Förderer und Gönner Georg Meyer verschaffte ihm in Frankfurt eine Stellung als Mitarbeiter am Frankfurter Gymnasium. Nach erfolgter Gründung eines neuen Lyceum als Universitätsersatz erhielt Schlosser dort eine Professur für Geschichte und Philosophie. Als nach politischen Ereignissen das Großherzogtum Frankfurt und damit auch das Lyceum zu bestehen aufhörte, wurde Schlosser die Stellung eines Stadtbibliothekars angetragen. Diese Stellung übte er bis 1817 aus, gleichzeitig unterrichtete er am Gymnasium Frankfurt. Im August des Jahres 1817 erhielt er das Ordinariat für Geschichte an der Universität Heidelberg und wurde gleichzeitig mit der Leitung der Universitätsbibliothek betraut. Dieses Amt legte er 1825 nieder. Fortan lehrte er bis zum Sommersemester 1852 an der Universität Heidelberg. .

Abb. 2:
Schlosser-Denkmal in Jever

Am 28.03 .1827 heiratete er im Alter von 51 Jahren die aus Benrat bei Koblenz gebürtige Louise Henriette Hoffmann. Die Ehe blieb kinderlos. Am 23.09.1861 starb Friedrich Christoph Schlosser im Alter von 85 Jahren in Heidelberg. Seit 1852 war Schlosser Ehrenbürger der Stadt Heidelberg.

Abb. 3: *Bronzemedaille auf den Tod Friedrich Christoph Schlosser, 1861*

Gewicht: 87 gr.   Material: Bronze   Durchmesser: 52.5 mm   Herausgabe: 1861

Vorderseite: Kopfbildnis nach rechts blickend
Unter dem Halsansatz: Chr. Schnitzspahn F.
Umschrift:

* FRIEDRICH CHRISTOPH SCHLOSSER *
GEB. Z. JEVER 17. NOV. 1776
GEST. Z. HEIDELBERG 23. SEPT. 1861

Rückseite: Inschrift in sechs Zeilen
★ ★ ★

GESCHICHTSFORSCHER
GESCHICHTSSCHREIBER
UND
ÖFFENTLICHER LEHRER IN
JEVER FRANKFURT A/M UND
HEIDELBERG
★ ★ ★

Medallieur Christian Schnitzspahn, Frankfurt a/M *1829 †1877
Er war Medailleur und Münzstempelschneider, Sohn und Schüler des Darmstädter
Hofjuwelier Martin Schnitzspahn. Seit 1858 war er Hof- und Münzgraveur.
Von 1859-1861 noch freier Mitarbeiter an der Berliner Medaillen Prägeanstalt von Fried-
rich Wilhelm Loos. Christian Schnitzspahn schuf unter anderem 1861 die Medaille auf
den Historiker Friedrich Christoph Schlosser.

Friedrich Christoph Schlosser war in der 1. Hälfte des 19. Jahrhunderts einer der einflußreichsten Historiker Deutschlands, dessen Wirkung weit über die akademischen Hörsäle hinausreichte. Wesentlich dazu beigetragen haben insbesondere zwei Werke. Zum einen durch die teils von ihm verfaßte und teils auf der Grundlage seiner Veröffentlichungen von G.L. Kriegk zusammengestellte „Weltgeschichte für das Deutsche Volk" und durch seine mehrfach überarbeitete Geschichte des 18. und 19. Jahrhunderts bis zum Sturz des französischen Kaiserreichs.

Die Stadt Jever ehrte ihn im Jahre 1877, indem sie eine Straße und einen Platz nach ihm benannten. Auf dem nach ihm benannten „Schlosserplatz" wurde ihm zu Ehren am 2. September 1878 ein Denkmal (Obelisk) enthüllt, das auf einer Seite mit einem Medaillion mit dem Kopfbildnis nach rechts und seinen Lebensdaten versehen ist. Der Entwurf des Denkmals stammt von dem seiner Zeit bekannten hannoverschen Architekten Broockmann. Das Bronzemedaillon schuf - nach dem Modell des Bildhauers Brehmer in Hannover - Professor Howald in Braunschweig. Die Festrede bei der Denkmalsenthüllung im Jahre 1878 hielt der Gießener Historiker Wilhelm Oncken, der seiner Abstammung nach ebenfalls wie Schlosser ein Friese war. Er würdigte Schlosser als den ,,ersten Universalhistoriker großen Stils", der die große und schwierige Aufgabe übernommen hatte, durch eigene Quellenforschung den Gesamtumfang der Geschichte der Menschheit zu bewältigen. Erst während des 1. Weltkrieges im Jahre 1916 erhielt der Obelisk - auf der dem Medaillion gegenüberliegenden Seite - die für Schlosser bezeichnenden Worte:

„Wehe dem Volke, dem die Wahrheit nicht mehr heilig ist!"

Der Jeverländische Altertums- und Heimatverein e.V. hat zur Erinnerung an den 200. Geburtstag des Historikers Friedrich Christoph Schlosser am 17. November 1976 eine Schlosser-Gedenkmedaille herausgegeben. Der Medaille wurde von dem jeverschen Heimatforscher und -schriftsteller Dr. Karl Fissen eine kleine Begleitschrift mit der Kurzbiografie Friedr. Chr. Schlossers beigefügt. Dr. Karl Fissen war Mitglied des Vereins Oldenburger Münzfreunde und wurde wegen seiner besonderen Verdienste um den Verein am 19.01.1979 zum Ehrenmitglied ernannt.

Schlossers literarische Werke sind:

Abälard und Dulcin (1807), Leben des Theodor de Beza und des Peter Martyr Vermili (1809), Geschichte der bilderstürmenden Kaiser des oströmischen Reiches (1812), Weltgeschichte in zusammenhängender Erzählung (1815-1824), Ständische Verfassung (1817), Vincents von Beauvais Hand- und Lehrbuch für königl. Prinzen und ihre Lehrer (1819), Die Geschichte des 18. und 19. Jahrhunderts (1823), Universalhistorische Übersicht der Geschichte der alten Welt und ihrer Kultur (1826-1834), Zur Beurteilung Napoleons (1832-1835), Geschichte des 18. Jahrhunderts [7 Bd.] (1836-1848), Weltgeschichte für das deutsche Volk [20 Bd.] (1843-1857), Über Dante (1855).

Abb. 4: *Erinnerungsmedaille an Friedrich Christoph Schlosser*

Gewicht:ca. 26 gr.   Material: Feinsilber 923/1000   Dicke: 2 mm
Durchmesser: 40 mm   Spiegelglanzprägung

Vorderseite: Kopfbildnis nach rechts blickend
Umschrift:
FRIEDRICH CHRISTOPH SCHLOSSER 1776 - 1976

Rückseite: Das Wappen der Stadt Jever
Umschrift:
DEM GROSSEN SOHN DER STADT JEVER

Anmerkung zur Entstehung und Herstellung der Feinsilbermedaille

Dr.phil. Fritz Strahlmann beschreibt in dem „Führer durch Jever" 1930 das Schlosserdenkmal in Jever. Er führt darin aus, dass das Medaillon in dem Obelisk nach einem Modell des Bildhauers „Bremer", Hannover, Professor Howald in Braunschweig geschaffen hat. Die Schreibweise des Namens „Bremer" führt hier zu Irritationen. Bei dem hier beschriebenen Bildhauer handelt es sich um den bekannten Bildhauer, Medailleur und Münzgraveur **Friedrich Heinrich Brehmer** (1815-1889) aus Hannover, der u.a. auch die Entwürfe und Stempel zu den Talern von Oldenurg 1858, 1860, 1866, der 10.-Mark Reichsgoldmünze und die Oldenburger Rettungsmedaille von 1848 mit dem Portrait von Paul Friedrich August gefertigt hat. Die Signatur „Brehmer", F." im Halsabschnitt des Portraits auf dem Medaillon am Denkmal, weist auf ihn als Medailleur hin. Nach dem Modell von F.H. Brehmer hat Prof. Georg Howaldt, Goldschmied, Erzgießer u. -ziseleur und Bildhauer (1802-1883) in Braunschweig das Medaillon geschaffen. Ein Foto dieses Bronzmedaillons von dem Fotografen TUHY aus Hohenkirchen (Wangerland), diente als Vorlage zur Herstellung dieser Feinsilbermedaille, die in einer Gesamtauflage von 600 Stück 1976/77 bei der Fa. Degussa, (heute: Allgemeine Gold- und Silberscheideanstalt AG, Pforzheim) geprägt wurde.

Abb. 5: Portraitmedaillon Friedrich Christoph Schlossers von dem Medailleur Friedrich Heinrich Brehmer am Schlosser-Denkmal in Jever

Foto: Eckhard Schmidt, Hude

Quellen:

- Selbstbiographie Friedrich Christoph Schlosser
- Friedrich Christoph Schlosser der Historiker – Erinnerungsblätter aus seinem Leben – Eine Festschrift zu seinem hundertjährigem Geburtstag am 17. Nov. 1876 von Dr. Georg Weber
- Oldenburger Jahrbuch 1932
- Biographisches Handbuch zur Geschichte des Landes Oldenburg
- Transpress Lexikon Numismatik
- Begleitheft der Gedenkmedaille auf den 200. Geburtstag von Friedr. Chr. Schlosser mit einer Kurzbiografie durch Dr. Karl Fissen
- Festschrift – 25 Jahre Oldenburger Münzfreunde 1984
- Führer durch Jever und Umgebung von Dr. phil. Fritz Strahlmann (1930)

Ernst Klie

DER GOLDSCHMIED UND MEDAILLEUR RICHARD KNAUER IN OLDENBURG

I.

Die deutschen fürstlichen Residenzen – so auch der grossherzogliche Hof in Oldenburg – hatten einen erheblichen Bedarf an Kunstgegenständen zum Schmuck und zur Auszeichnung der Landeskinder. Diese Nachfrage schuf und bedingte ein entsprechendes Angebot und damit die Ansässigkeit von Handels- und Handwerksbetrieben, die in der Lage waren, Aufträge der Hofämter und insbesondere der Ordenskanzleien zu übernehmen. Verdienstvolle Lieferanten und Handwerker wurden dann mit der Verleihung eines Titels wie „Hofgraveur"[1] oder „Hofgoldschmied"geehrt.

Diese Schrift soll sich mit dem Leben und Wirken des Goldschmieds und Medailleurs Richard Knauer beschäftigen, der 1862 geboren wurde und bis zu seinem Tode 1933 in Oldenburg lebte. Richard Knauer hat Beruf und Geschäft von seinem Vater Bernhard Knauer übernommen, so dass auch dessen Leben hier betrachtet werden soll. Das Juweliergeschäft der Familie Knauer in der Langen Strasse in Oldenburg hat von etwa 1868[2] bis zur Auflösung durch die Tochter Richard Knauers, Gertrud Knauer, im Jahre 1961[3] bestanden; erst mit dem Tode von Gertrud Knauer im Jahre 1970 wurde auch das Geschäftsgrundstück veräußert. Die „Hofgoldschmiede" Knauer haben damit mehr als 60 Jahre die grossherzogliche Ordenskanzlei, die oldenburgische Staatsregierung, seit 1918 den Freistaat Oldenburg und ihre private Käuferschaft mit Ordens- und Ehrenzeichen, mit Erinnerungsmedaillen und mit weiteren Produkten ihrer Handwerkskunst beliefert.

Die Familie Knauer stammt – soweit sie hier zurückverfolgt werden soll – aus Delmenhorst. Im Kirchenbuch von Delmenhorst wird bei der „Copulation" seines Sohnes Johann am 9. August 1805 der „hiesige Bürger und Glaser Bernhard Knauer" aufgeführt. Bei einer ersten Betrachtung nahe liegende familiäre Verbindungen zur Goldschmiedefamilie Knauer in Göttingen und Hannover konnten jedoch nicht nachgewiesen werden. Die Firmen Georg Knauer u. Wilhelm Lameyer, später Georg Knauer u. Comp. in Hannover waren seit 1839 bedeutende Hersteller oldenburgischer Ordens- und Ehrenzeichen[4] und sollten nicht mit der Firma Knauer in Oldenburg verwechselt werden.

Die Familiengenealogie Knauer seit etwa dem Jahre 1800 beginnt also mit Bernhard Knauer d. Ä. und seinem Sohn Johann Knauer, der am 9. August 1805 Beke Margarethe geb. Einemann heiratete und am 8. November 1805 seinen am 3. November geborenen Sohn Peter Nicolaus Christian Knauer taufen ließ. Peter Nicolaus Christian Knauer ist der Grossvater Richard Knauers und bei der Taufe des Enkels 1862 „Gevater", also Taufpate. Die Knauers der beiden Generationen nach Bernhard Knauer d. Ä. hatten sich aus dem Handwerkerstand in den oldenburgischen Staatsdienst „emporgearbeitet"; Johann Knauer und Peter Nicolaus Christian Knauer dienten beim Landgericht in Delmenhorst, dort wurden sie 1831 als „Pupillenschreiber"[5] bzw. als „Pupillen-schreiber-Adjunkt" genannt. Pupillenschreiber zu sein, verlangte wohl eine sehr vertrauensvolle Persönlichkeit, ging es doch um die Betreuung von Mündelgeldern. 1861 war Peter Nicolaus Christian Knauer Gerichts-Aktuar bei demselben Landgericht in Delmenhorst.

Abb. 1: Richard Knauer (1862-1933)
Bildnachweis: Stadtmuseum Oldenburg BA 1556, Foto: Herr Coldewey

Ein jüngerer Sohn Johann Knauers, Bernhard Heinrich Knauer (1807-1890) ging in den oldenburgischen Finanzdienst und wurde 1877 mit dem Titel eines Obersteuer-rats in den Ruhestand versetzt [6], schon im Jahre 1866 wurde er mit dem Ehrenkreuz 1. Klasse des Oldenburgischen Haus- und Verdienstordens ausgezeichnet.

Peter Nicolaus Christian Knauer heiratete am 2. November 1829 Gesine Sophie geb. Öhr, ebenfalls aus Delmenhorst. Ihr Vater Paul Öhr (1760-1830) war Goldschmied [7], Ältermann, also Vertreter der Bürgerschaft und später Gastwirt. Im Jahre 1827 wurde ihm offensichtlich ein Giftmord an seiner 4. Ehefrau zur Last gelegt, er starb im Kriminal-gefängnis in Oldenburg. Paul Öhr hat sicherlich seinem 1831 geborenen Enkel Johann Heinrich Bernhard Knauer die Neigung zum Goldschmiedehandwerk hinterlassen.

Johann Heinrich Bernhard Knauer wurde am 15. November 1831 in Delmenhorst geboren und am 23. November getauft, einer seiner Taufpaten war übrigens Onkel Bernhard Heinrich Knauer, der spätere Obersteuerrat. Über die Jugendzeit Bernhard Knauers in Delmenhorst und seine Lehrzeit als Goldschmied kann nichts ausgesagt werden. Bei seiner Heirat am 7. Mai 1861 mit Adelheid Cathrine geb. Hoyer, einer Bäckermeisterstochter aus Delmenhorst wurde er bereits als „Goldarbeiter hieselbst" bezeichnet. Am 22. Mai 1862 erblickte dann der Sohn Richard Heinrich Enno Knauer das Licht der Welt, der spätere Hofgoldschmied und Medailleur, der im Zentrum dieser Betrachtung stehen soll. Um 1890 [8] heiratete Richard Knauer Auguste Hermine geb. Mehring (1869-1950). Es wurden die Töchter Käthe Knauer, später verheiratete Notholt und Gertrud Knauer (1896-1970) geboren.

Abb. 2: Heutiges Gebäude Lange Strasse 26/26A
Foto: Ernst Klie

Seit dem Jahre 1868 war die Familie Bernhard Knauer in Oldenburg ansässig; im „Adreßbuch für die „Haupt- und Residenzstadt Oldenburg" wird für 1868 „B. Knauer, Goldarbeiter", wohnhaft in der Langen Straße 70, erstmals genannt. Nach dem Oldenburger Häuserbuch wurde Bernhard Knauer 1877 Eigentümer des Grundstücks mit aufstehendem Wohn- und Geschäftsgebäude in der Langen Strasse 26. Die Abbildung Nr. 2 zeigt den heutigen Zustand; das Gebäude Haus Nr. 26 bildet mit dem Haus Nr. 26 A (rechte Seite) gestaltungs- und gebäudemäßig eine Einheit. Der Zusammenbau erfolgte nach Abbruch wahrscheinlich beim Neubau im Jahre 1870 [9].

Aus der Anfangszeit der Goldschmiede Knauer in Oldenburg sind gefertigte Kunstwerke nicht bekannt. Ins Licht der noch heutigen Bekanntheit trat Bernhard Knauer erst durch seine Teilnahme als Aussteller bei der VII. Oldenburgischen Gewerbe- und Kunstausstellung im Jahre 1885. Die Firma Bernhard Knauer stellte eine „Collection Gold- und Silberwaaren" aus und wurde mit einer Silbernen Medaille ausgezeichnet. Im Ausstellungskatalog[10] ist die Teilnahme der Firma Knauer an der Ausstellung und die Auszeichnung jeweils unter Nr. 302 aufgeführt. Seit diesem Ereignis zierte die Vorder- und Rückseite der verliehenen Medaille – wie es damals allgemein üblich war – den Kopf von Rechnungsvordrucken der Firma[11].

Als Folge der Gewerbe- und Kunstausstellung 1885 gründete sich im Jahre 1887 der Oldenburgische Kunstgewerbeverein: Bernhard Knauer war bereits 1887 Mitglied des Vereins und damit wohl Gründungsmitglied. Die Leistungen Bernhard Knauers als Juwelier und Geschäftsinhaber wurden schon im März 1889 durch die Verleihung des Titels „Hofgoldarbeiter" gewürdigt und geehrt[12]. Dieses belegt einerseits, daß die Firma Knauer bei Hofe bestens bekannt und geschätzter Hoflieferant und andererseits, daß Bernhard Knauer angesehener Bürger und etablierter Geschäftsinhaber war.

Dass die Knauers auch gesellschaftlich integriert und künstlerisch aufgeschlossen waren, zeigt eine Theateraufführung vom Mai 1889[13] durch Bewohner der Stadt Oldenburg. Aufgeführt wurde „Luther – Historisches Charakterbild in sieben Abteilungen" von Dr. Otto Devrient, dem Oldenburger Theaterdirektor von 1884 bis 1889. Mehr als einhundert Einwohner der Stadt Oldenburg hatten die Gelegenheit mitzuwirken, unter ihnen auch „Juwelier Knauer". Er spielte den Hieronymus Aleander, einen päpstlichen Legaten und wortgewaltigen Gegner Martin Luthers. Unklar bleibt allerdings, ob der Mitspieler nun Vater Bernhard oder Sohn Richard Knauer war.

Diese Schrift soll sich neben der Lebensgeschichte von Vater und Sohn Knauer vor allem mit ihren künstlerischen und numismatischen Werken beschäftigen. Im Jahre 1891 wurden ausweislich der im Staatsarchiv Oldenburg vorliegenden Knauerschen Originalrechnungen erstmals Arbeiten an Ordenszeichen für die Grossherzogliche Ordenskanzlei ausgeführt. Einstweilen waren es Reparaturarbeiten an zurückgegebenen Insignien des oldenburgischen „Haus- und Verdienstordens des Herzogs Peter Friedrich Ludwig", die gereinigt, teilweise neu zusammengelötet, nachemailliert und nachvergoldet wurden. Es ist bekannt, dass die verliehenen Ordenszeichen nach dem Tode der Träger rückgabepflichtig waren und nach entsprechender Behebung von Schäden wieder verliehen wurden.

Zu Ende des Jahres 1894 lieferte die Firma Hofgoldarbeiter Knauer erstmal auch eigens neu hergestellte Ordenszeichen, nämlich
2 Capitularzeichen für Grosskomture zum Stückpreis von 25 Mark,
6 Ritterkreuze I. Klasse (in Gold) , Stückpreis 66 Mark und
6 Ritterkreuze II. Klasse (in Silber), Stückpreis 35 Mark.
Bei der „Lieferung" von Ordenszeichen durch einen Auftragnehmer zu Ende des 19. Jahrhundert stellt sich stets die Frage, ob eine Herstellung in eigener Werkstatt erfolgte, oder ob der Auftrag an eine Spezialfirma weitervergeben wurde?

In dieser Frühzeit der Knauerschen Geschäftsverbindung zur Grossherzoglichen Ordenskanzlei haben die Juweliere Knauer die Ordenszeichen offensichtlich selbst gefertigt. Die Rechnung vom 1.1.1895 lautet nämlich im Originaltext
„6 Ritterkreuze I Cl. gemacht" und
„6 Ritterkreuze II Cl. gemacht" (s. Abb. 3).
Ich bin der Auffassung, dass diese Formulierung „gemacht" als „selbst gemacht" zu verstehen ist und einen hinreichenden Beweis für die Eigenfertigung bedeutet. Dass die Firma Knauer in Oldenburg handwerklich in der Lage war, Ordenszeichen herzustellen,

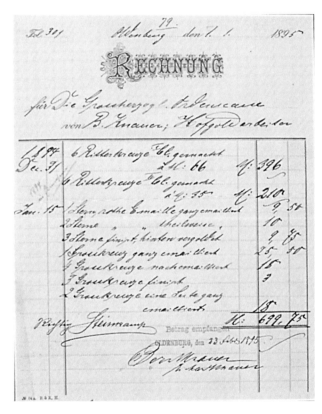

Abb. 3:   Rechnung der Fa. Bernhard Knauer vom 1.1.1895
            Bildnachweis: Staatsarchiv Oldenburg, Foto: Herr Ott

zeigen schon die vielfältigen Reparaturarbeiten, die alle Fertigkeiten erforderten, die auch bei einer Neuherstellung notwendig waren. In Abb. 4 ist die Rückseite eines halbfertigen Ritterkreuzes zu sehen, das die Fertigungsweise veranschaulicht. Nach dem Zusammenlöten des Gestells aus Edelmetallblech wurden die Kreuzarme emailliert und anschließend die fertigen Medaillons eingesetzt und mit Schellack verklebt.

Auch in der folgenden Zeit von 1895 bis 1899 rechnete die Firma Knauer in Oldenburg nach den vorliegenden Originalrechnungen neben vielfältigen Reparaturarbeiten auch die Lieferung von neuen Ordenszeichen – Ritterkreuze und Ehrenkreuze – mit der Grossherzoglichen Ordenskanzlei ab. Allerdings findet sich in keinem Fall mehr der Zusatz „gemacht"; da es sich aber jeweils nur um kleine Stückzahlen handelt und auch sonst nichts gegenteiliges ersichtlich ist, kann auch hier von einer Eigenfertigung ausgegangen werden. Erst ab ca. 1903 wurden Ordenszeichen von Knauer nicht mehr selbst gefertigt, sondern Aufträge an eine nicht mehr handwerklich, sondern überwiegend maschinell arbeitende Spezialfirma in Pforzheim[14] weitervergeben.

Abb. 4: *Ritterkreuz des Haus- u. Verdienstordens, Rückseite,*
fehlendes Mittelmedaillon
Bildnachweis: Sammlung Eckel, Oldenburg, Foto: Eckhard Schmidt,
Hude

Die Übernahme von Aufträgen der Grossherzoglichen Ordenskanzlei im Jahre 1891 steht wahrscheinlich in Verbindung mit dem erfolgten Eintritt von Richard Knauer in das väterliche Juweliergeschäft. Im Adreßbuch der Residenzstadt Oldenburg für das Jahr 1885/86 unter der Adresse Lange Straße Nr. 26 wird neben dem Vater erstmals auch Juwelier Richard Heinrich Enno Knauer aufgeführt; es ist anzunehmen, dass Richard Knauer seit etwa 1885 Mitarbeiter und möglicher Teilhaber der Firma Bernhard Knauer, Grossherzogl. Hofgoldarbeiter und Juwelier war. Auch zur Ausbildung Richard Knauers in seinem Beruf hat sich nichts ermitteln lassen. Für das Weitere gehe ich davon aus, daß die Entwürfe und die wesentlichen Arbeiten von Richard Knauer ausgeführt wurden.

Aus dem Jahre 1894 ist die erste signierte Medaillenarbeit Richard Knauers bekannt: Es ist eine 36 mm im Durchmesser messende, tragbare Zinnmedaille zum 50. Sängerfest der Vereinigten Norddeutschen Liedertafeln, gefeiert vom 20.-22. Juli 1894 in Oldenburg. Die Medaille ist im zeitgemässen Stil des Historismus gestaltet, mit der Lyra auf der Vorderseite und dem Stadtwappen mit erhabenem Schriftband für die Umschrift auf der Rückseite; die Unterschrift auf der Rückseite enthält die Medailleurbezeichnung „KNAUER" und „OLDENBURG".

Die Oldenburger Nachrichten für Stadt und Land aus jenen Tagen schilderten in ausführlicher Breite den Verlauf des Sängerwettstreits und der anderen Feierlichkeiten[15]; in einer kurzen Notiz wurden die Leser davon informiert, dass „Zur Erinnerung an das Sängerfest" vom Festkomitee die Prägung einer Medaille veranlasst worden sei, die „nur bei Herrn Hofjuwelier Knauer, Langestraße und Herrn Hoflieferant Gieseler" gekauft werden könne.

Mit dem Regierungsantritt des Grossherzogs Friedrich August von Oldenburg im Juni 1900 begann für die Firma Bernhard Knauer eine Zeit sehr vielfältiger Beschäftigung mit dem oldenburgischen Auszeichnungswesen. Grossherzog Friedrich August erweiterte die Ordenszeichen des Haus- und Verdienstordens des Herzogs Peter Friedrich Ludwig um einige Stufen und stiftete eine Reihe neuer Ehrenzeichen.

Die Firma Bernhard Knauer wurde nun zum überwiegenden und später zum alleinigen Auftragnehmer und Lieferanten der vom Grossherzog verliehenen Ordens- und Ehrenzeichen. Die Herstellung in der eigenen Werkstatt stellte man allerdings zugunsten der Beauftragung von Fremdfirmen ein. Es ist schwierig den Anteil der Leistungen Richard Knauers an den einzelnen Werken festzustellen: Überwiegend fertigte Richard Knauer wohl nur die Entwürfe der Kunstwerke und ggfs. die Gipsmodelle für die Medaillen; die Herstellung der Prägestempel mittels Reduziermaschine, die Prägung der Medaillen und die Fertigung der emaillierten Ordenszeichen erfolgte durch eine beauftragte Spezialfirma. Welche Herstellerfirmen von Richard Knauer beauftragt wurden, bleibt einstweilen unerforscht; allerdings soll ein sog. Geschäftsarchiv der Firma Knauer noch existieren, das mir bei der Abfassung dieser Schrift jedoch nicht zugänglich war.

Mit der Entwurfszeichnung für die Dienstauszeichnungen von 1913 (Abb. 30) beginnend, signiert Richard Knauer Zeichnungen und später auch Ehrenzeichen und Medaillen mit dem „RK mit oberem Bogen":

In den folgenden Teilen II und IV dieser Schrift sollen die mir bekannt gewordenen numismatischen und sonstigen künstlerischen Werke Richard Knauers bis 1933 (Werkverzeichnis) vorgestellt werden; unter der Rubrik „Bemerkungen" wird auf die jeweilige Entstehungsgeschichte und die künstlerische und geschäftliche Mitwirkung Richard Knauers eingegangen.

II

1.   Erinnerungsmedaille zum 50. Sängerfest der Vereinigten Norddeutschen Liedertafeln in Oldenburg, 1894   (Abb. 5 u. 6)

Zinnmedaille, Grösse: 36 mm Durchmesser, Gewicht: 15,29 gr.

Vs.:   Lyra umgeben von Lorbeerkranz, Umschrift: „50. SÄNGERFEST D. VEREINIGT. NORDD. LIEDERTAFELN I. OLDENBURG" / „1894 JULI 20.-22."

Rs.:   Wappen der Stadt Oldenburg mit Stadtburg, Mauerkrone und St. Lambertus in der Toröffnung, Umschrift: „HALTET FRAU MUSIKA IN EHREN" / „KNAUER", sechsstrahliges Sternchen, „OLDENBURG"

Bemerk.:   Die Medailleursignatur weisst die Medaille als Werk von Richard Knauer aus. In den Oldenburger Nachrichten für Stadt und Land wurde auf den Verkauf der Medaille u.a. bei Knauer hingewiesen[15]. Das abgebildete Stadtwappen mit dem St.Lambertus und nicht dem Balkenschild in der Toröffnung war weniger gebräuchlich, findet sich aber in Farbe auf Postkarten aus jener Zeit.

2.   Ehrenzeichen zum 50jährigen Ehejubiläum, Ehejubiläumsmedaille, 1901   (Abb. 7, 8 u. 9)

Silberne Medaille, Grösse 50 mm Durchmesser, Gewicht: 48,99 gr.

Vs.:   Doppelportrait des Grossherzogs Friedrich August und der Grossherzogin Elisabeth mit Umschrift

Rs.:   Umschrift: „ZUM EHEJUBILÄUM", eingravierte Hochzeitsdaten und Psalm 118, Vers 1 im Eichenkranz

(Abb. 7 u. 8)

(Abb. 9)

Bemerk.: Das Ehrenzeichen wurde am 24. Oktober 1901 von Grossherzog Friedrich August gestiftet und zum 50jährigen Ehejubiläum an „oldenburgische Staatsangehörige" verliehen. In den Stiftungsbestimmungen heisst es u.a., dass eine Medaille in der Grösse von 5 cm Durchmesser in Silber herzustellen sei, mit den Brustbildern „Ihrer Königlichen Hoheiten des Grossherzogs und der Frau Grossherzogin" und auf der Rückseite seien einzugravieren „die Daten der Hochzeit und des Jubiläumstages" (des auszuzeichnenden Jubelpaares).

Die Verleihung der Auszeichnung erfolgte in einem Verleihungskästchen mit dem Innendeckel - Aufdruck „Bernh. Knauer / Grossh. Hofgoldarbeiter / Oldenburg" (siehe Abb. 9). Es kann einstweilen angenommen werden, dass die Entwurfsgestaltung der Ehejubiläumsmedaille von Richard Knauer stammt; ansonsten beschränkt sich die Mitwirkung von Knauer auf die Auftragsübernahme und die Lieferung nach Bedarf.

3. Ehrenzeichen zu 50jährigen Ehejubiläum, Ehejubiläumsmedaille, spätere Fassung (Abb. 10 u. 11)

Silberne Medaille, Grösse: 50 mm Durchmesser, Gewicht: 48,89 gr.

Vs.:   Portrait des Grossherzogs Friedrich August mit Umschrift
Rs.:   Wie die Medaille zu Nr. 2. d. Werkverzeich.

Bemerk.:   Es ist nicht festlegbar, zu welchem Zeitpunkt die Änderung der Vorderseitengestaltung der Ehejubiläumsmedaille vorgenommen wurde.
Auch diese Medaille wurde in einem Verleihungskästchen mit „Knauer-Aufdruck" verliehen, der Innendeckel-Aufdruck lautet jetzt: „Bernh. Knauer / Grossherzgl. Hofgoldschmied / Oldenburg".

4. Staatsmedaille für landwirtschaftliche Verdienste, nach 1900 (siehe Abb. 12 u. 13)

Silberne Medaille, Grösse: 38 mm Durchmesser, Gewicht: 29,72 gr.

Vs.:   Uniformiertes Portrait des Grossherzogs Friedrich August mit Umschrift

Rs.:   Inschrift im Eichen- und Früchtekranz: „FÜR / HERVORRAGENDE / LEISTUN-
        GEN / AUF DEM GEBIETE / DER / LANDWIRTSCHAFT"

(Abb. 12. u. 13)

Bemerk.: Landwirtschaftliche Verdienstmedaillen wurden im Herzogtum/Grossherzog-
          tum Oldenburg seit 1822[16] verliehen, vornehmlich als Preismedaillen bei
          Tierschauen. Die Medaillen zeigten seit ca. 1890 die hier beschriebene
          Rückseite (mit dem Vorderseitenportrait des Grossherzogs Nicolaus Fried-
          rich Peter von Medailleur Karl Schwenzer, Stuttgart[17]).

          Nach dem Regierungsantritt des Grossherzogs Friedrich August im Juni
          1900 wurde die Änderung der Portraitseite der Medaille erforderlich.

          Die Auszeichnung wurde in einem Verleihungskästchen mit dem Aufdruck
          im Innendeckel „Bernh. Knauer / Grossherzogl. Hofgoldschmied /Oldenburg"
          verliehen. Es kann angenommen werden, dass die Neugestaltung der Por-
          trait-Vorderseite von Richard Knauer entworfen wurde; ansonsten beschränkt
          sich die Mitwirkung auf die Auftragsübernahme und die Lieferung.

          Mit der gleichen Portrait-Vorderseite wie zu Nr. 4. d. Werkverzeich. wurden
          auch Staatsmedaillen für hervorragende Leistungen auf dem Gebiet von
          Handel und Gewerbe, der Kunst und des Obst- und Gartenbaus verliehen.
          Auch hier ist anzunehmen, dass diese Medaillen von Richard Knauer ent-
          worfen und geliefert worden sind.

5. *Grosse Goldene Medaille für Verdienste um die Kunst, I. und II. Klasse, 1901* *(Abb. 14)*

Grosse Goldene Medaille für Verdienst um die Kunst I. Klasse, Vs.

Ehrenzeichen der I. Klasse:
Medaille aus vergoldetem Silber, Grösse: 51 mm Durchmesser, überhöht durch eine goldene Krone, Höhe der Krone ohne Ring: 30 mm, Breite: 36 mm, Gewicht des Ehrenzeichens: 55 gr.

Vs.: Portrait des Grossherzogs Friedrich August mit Umschrift
Rs.: Inschrift im Eichenkranz: „FÜR / VERDIENST / UM DIE / KUNST"

Das Ehrenzeichen der II. Klasse besteht aus der vergoldeten Medaille ohne Krone

(Abb. 15)

Grosse Goldene Medaille für Verdeinst um die Kunst I. Klasse, Rs. Bildnachweis: Sammlung Koch, Oldenbg., Foto-Schmidt, Oldenbg.

Bemerk.: Die Grossen Goldenen Medaillen für Verdienst um die Kunst wurden am 20. August 1901 von Grossherzog Friedrich August in 2 Klassen gestiftet und wie die kleineren - im Jahre 1878 von Grossherzog Nicolaus Friedrich Peter gestifteten - an ausübende Künstlerinnen und Künstler verliehen, die sich durch hervorragende Leistungen auf dem Gebiete der Kunst ausgezeichnet hatten.

Die Firma Bernhard Knauer lieferte im Jahre 1901 2 Medaillen der I.Klasse und 20 Medaillen der II. Klasse [18].

6. Kriegervereins-Verdienstkreuz (und Kriegervereins-Verdienstkreuz für Fahnen), 1902   **(Abb. 16 u. 17)**

Längliches, matt-silbernes Kreuz mit erhabenem geriffelten Rand, Höhe: 40,5 mm, Breite: 31 mm, Gewicht: 17,03 gr.

Vs.: In der Kreuzmitte: verschlungenes Monogramm „F A" (Grossherzog Friedrich August), auf dem oberen Kreuzarm die grossherzogl. Krone, auf dem unteren Kreuzarm das Stiftungsjahr: „1902"

Rs.: In der Kreuzmitte: drei Eichenblätter, auf den vier Kreuzarmen: „Gott / Kaiser - Fürst / und / Reich"

Bemerk.: Das Kriegervereins-Ehrenzeichen wurde am 16. August 1902[19] von Grossherzog Friedrich August gestiftet. Den Mitgliedern der seit dem Jahre 1872 in den oldenburgischen Landen sich bildenden Kriegervereine galt stets das besondere Interesse des Landesherrn. Mit dem Kriegervereins-Verdienstkreuz sollten Personen geehrt werden, die sich hervorragende Verdienste um die oldenburgischen Kriegervereine erworben hatten.

Die Gestaltung des Verdienstkreuzes ist erkennbar dem preussischen Eisernen Kreuz nachempfunden; hierfür sprechen die Verteilung des Schmucks auf der Vorderseite mit Krone (oberer Kreuzarm) – Monogramm (Kreuzmitte) – Stiftungsjahr (unterer Kreuzarm) und der umlaufende, erhabene und geriffelte Rand.

Es gibt keinen Hinweis darauf, dass die Gestaltung des Ehrenzeichens, die Herstellung oder Lieferung durch die Firma Knauer erfolgt ist. Wegen der Gleichheit der Monogramm-Gestaltung im Detail mit der von Knauer ent-

worfenen Rote Kreuz-Medaille von 1907 gehe ich auch für das Kriegervereins-Verdienstkreuz von einem Entwurf von Richard Knauer aus (s. Nr.10.
d. Werkverzeich.).

Das Kriegervereins-Verdienstkreuz für Fahnen ist gleichzeitig gestiftet worden. Es wird als Kreuz in versilberter Bronze beschrieben[19] mit einer Höhe
von 75 mm und einer Breite von 60 mm. Ein Exemplar steht jedoch nicht
zur Verfügung.

7. **Offizierkreuz des Haus- und Verdienstordens des Herzogs Peter**
Friedrich Ludwig,1903 *(Abb. 18)*

Silber vergoldetes und weiss-emailliertes Kreuz mit rückseitiger Nadel zur Befestigung,
Höhe und Breite: 45 mm, Gewicht: 21,77 gr.

Vs.: Blau und rot-emailliertes Medaillon mit dem gekrönten Monogramm des Herzogs Peter Friedrich Ludwig und dem Wahlspruch des Ordens: „EIN GOTT. EIN
RECHT. EINE WAHRHEIT"
Rs.: Ohne Schmuck, die Befestigungsnadel trägt auf der Innenseite den eingepräg-
ten Namen: „B . Knauer"

Bemerk.: Die Stiftung des Offizierkreuzes erfolgte durch Grossherzog Friedrich August am 17. Januar 1903.

Die Firma B . Knauer war seit 1903 Auftragnehmer und Lieferant für sämt-
liche Ordenszeichen des Haus- und Verdienstordens; die Vorstellung des
Offizierkreuzes möge hier als beispielhaft für alle Ordenszeichen gelten. Die
Herstellung erfolgte allerdings bei einer Spezialfirma in Pforzheim[14].

(Abb. 19)

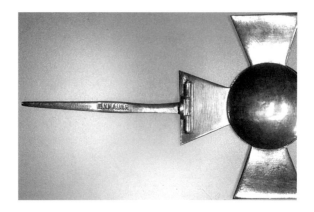

Rückseite des Offizierkreuzes mit Name „B. KNAUER" in der Nadel

Der Name „B. KNAUER" bzw. „KNAUER" findet sich bei den gelieferten Ordenszeichen nur auf den Befestigungsnadeln der Offizierkreuze und der Ordenssterne und auf den Tragringen von Grosskreuzen[20]; er könnte so zu erklären sein, dass Knauer noch letzte Fertigstellungsarbeiten – so die Anbringung der Befestigungsnadeln bzw. der Tragringe selbst vorgenommen hat.

8. Feuerwehr-Verdienstmedaille, 1904 (Abb. 20 u. 21)

Medaille aus heller Bronze, Grösse: 30 mm Durchmesser, Gewicht: 12,57 gr.

Vs.: Gekröntes, verschlungenes Monogramm „FA" (Grossherzog Friedrich August)
Rs.: Inschrift in einem Eichenkranz: „FÜR / VERDIENST / IN DER / FEUERWEHR"

Bemerk.: Grossherzog Friedrich August stiftete diese Verdienstmedaille am 16. November 1904; es findet sich keinerlei Hinweis auf den Entwurfsverfasser oder den Hersteller der Auszeichnung.

Wegen der Gleichheit der Monogrammgestaltung mit der von Knauer entworfenen Rote Kreuz-Medaille von 1907 und der Ähnlichkeit der Rückseite mit der Rückseite der von Knauer entworfenen Feuerwehr-Verdienstmedaille von 1928 gehe ich auch bei der oben beschriebenen Medaille von einem Knauer-Entwurf aus (s. Nr. 10. u. 25. d. Werkeverzeich.).

9. *Verdienstmedaille für Treue in der Arbeit, 1904* (Abb. 22 u. 23)

Silberne Medaille, Grösse: 30 mm Durchmesser, Gewicht: 10,46 gr.

Vs.: Uniformiertes Portrait des Grossherzogs Friedrich August mit Umschrift
Rs.: Inschrift im Eichenkranz: „FÜR / TREUE / IN DER / ARBEIT"

Bemerk.: Die Auszeichnung wurde am 16. November 1904 durch Grossherzog Friedrich August gestiftet. Ursprünglich sollte sie nach 30jährigem Dienstverhältnis verliehen werden, im Jahre 1912 wurde die Mindestzeit auf 25 Jahre reduziert[21]. Mit der Verdienstmedaille zeichnete der Staat sowohl Frauen als auch Männer aus.

Das uniformierte Portrait der Verdienstmedaille für Treue in der Arbeit entspricht dem der Staatsmedaillen (siehe Nr. 4. d. Werkverzeich.). Die Auszeichnung wurde in einem Verleihungskästchen mit dem Innendeckel-Aufdruck „Bernh. Knauer / Grossherzgl. -Hofgoldarbeiter (später auch Hofgoldschmied) / Oldenburg" verliehen.

10. Rote Kreuz-Medaille, 1907 (Abb. 24)

Durchbrochene Medaille aus vergoldetem Silber, Höhe: 41 mm, Breite: 27 mm, Gewicht: 6,90 gr.

Vs.: Gekröntes verschlungenes Monogramm „FA" (Grossherzog Friedrich August), darüber rundes Schildchen mit rot-emailliertem Kreuz auf weissem Grund
Rs.: Glatt, mit Silberstempel „950"

Bemerk.: Die Stiftung der Rote Kreuz-Medaille erfolgte am 10. August 1907 durch Grossherzog Friedrich August.

Im Archiv Beyreiß, Jever[22] befindet sich die kolorierte Entwurfszeichnung der Rote Kreuz-Medaille signiert mit „B. Knauer /1907" und im Hausarchiv Eutin die handschriftliche Kostenaufstellung und Beschreibung des Ehren zeichens vom 26.7.1907. Die Beschreibung lautet allerdings auf eine Ferti gung in vergoldeter Bronze, die bekannten Stücke bestehen jedoch aus vergoldetem Silber.

Die Entwurfsgestaltung dieses Ehrenzeichen stammt somit von Richard Knauer; die Firma B. Knauer lieferte 50 Stück dieser Auszeichnung.

11. Rettungsmedaille (mit einfacher Drahtöse), 1912 (siehe Abb. 25 u. 26)

Silberne Medaille, Grösse: 30 mm Durchmesser, Gewicht: 13,94 gr.

(Abb. 25 u. 26)

Vs.: Portrait des Grossherzogs Paul Friedrich August von dem hannoverschen Medailleur Friedrich Heinrich Brehmer mit Umschrift, am Halsabschnitt vertieft: „BREHMER F."

Rs.: Inschrift im Eichenkranz. „FÜR / RETTUNG / AUS / GEFAHR"

Bemerk.: Die Gestaltung der am 17.1.1848 von Grossherzog Paul Friedrich August gestifteten Rettungsmedaille wurde auch unter den Grossherzögen Nicolaus Friedrich Peter und Friedrich August unverändert beibehalten. Lediglich wurde bei der Neulieferung von 1912 die bisherige (hannoversche) Metallstift-Aufhängung durch eine einfache Drahtöse ersetzt.

Die Firma B. Knauer lieferte im Jahre 1912 50 Medaillen und im Jahre 1917 noch einmal 53 Medaillen[23] mit dieser neuen Aufhängung.

12. Silberplakette zum 60. Geburtstag des Grossherzogs Friedrich August, 1912 *(siehe Abb. 27)*

Silberne, hochrechteckige Plakette, Höhe: 10,7 cm, Breite: 6,0 cm, Gewicht: 102,63 gr.

Vs.: Portrait des Grossherzogs Friedrich August, umgeben von Eichenlaub und -kränzen und von einer Krone überhöht, unterhalb des Portraits in Schreibschrift: „Friedrich August / Großherzog von Oldenburg"

Rs.: Glatt, am oberen Rand eingepunzt: Silberstempel „800" und „B. KNAUER"

Bemerk.: Die Anfertigung der oben beschriebenen Silberplakette aus Anlass des 60. Geburtstages des Grossherzogs Friedrich August kann einstweilen nur angenommen werden, ist aber wahrscheinlich.

Die hier beschriebene Silberplakette befindet sich in der Sammlung des Stadtmuseums Oldenburg; ebenso existiert dort eine Bronzeplakette von

Bruno Kruse (Medailleurzeichen B.K.) mit dem Portrait des Grossherzogs und der Unterschrift: „FRIEDRICH AUGUST / GROSSHERZOG VON OLDENBURG / 1862. 16. NOV. 1912", also den Geburtstagdaten des Grossherzogs. Bei der Silberplakette von Richard Knauer handelt es sich um ein handwerklich angefertigtes Einzelstück. Das Portrait des Grossherzogs ist offensichtlich aus einer geprägten Medaille (wahrscheinlich der Ehejubiläumsmedaille, s. Nr. 3. d. Werkverz.) ausgesägt und zusammen mit dem umgebenden Zierat aufgelötet worden.

(Abb. 27)

Silberplakette 1912
Bildnachweis: Stadtmuseum Oldenburg, Foto: Herr Coldewey

13. Gendarmerie Dienstauszeichnung für 9 bzw. 12 Jahre Dienstzeit, 1913 *(siehe Abb. 28 u. 29)*

Versilberte (für 9 J.) bzw. vergoldete (für 12 J.) Medaille, Grösse 30 mm Durchmesser, Gewicht der versilberten Medaille: 11,97 gr.

Vs.: Gekröntes verschlungenes Monogramm „FA" (Grossherzog Friedrich August) mit Überschrift: „TREUE DIENSTE"
Rs.: grosse römische Ziffer: „IX" bzw. „XII"

(Abb. 28 u. 29)

Bemerk.: Nach preussischem Vorbild bestimmte Grossherzog Friedrich August mit Verfügung vom 7. August 1913, dass die Auszeichnungen für 9 -, 12- und 18jährige Dienstzeit der oldenburgischen Gendarmen (Polizei) eine geänderte Form haben sollten. An Stelle der seit dem Jahre 1848 verliehenen Dienstaltersschnallen sollten nun Kreuze für 18jährige Dienstzeit und Medaillen für 9- und 12jährige Dienstzeit verliehen werden. Der Vorschlag ging vom Gendarmerie-Kommando unter seinem Kommandeur Oberst Kellner mit Schreiben vom 19. Juli 1913 [24)] an das Grossherzgl. Ministerium des Inneren aus. Hierin heisst u.a. dass „Herr Hofgoldschmied Knauer" veranlaßt sei, dem Grossherzgl. Ministerium „entsprechende Modelle" vorzulegen.

Mit Handschreiben vom 30.7.1913 legte Richard Knauer dem Ministerium eine handgefertigte Entwurfszeichnung für Kreuze und Medaillen (s. Abb. 30 u. 31) vor und nannte auch seine Preisvorstellungen bei Abnahme von je 50 Stück der Auszeichnungen. Es sollten kosten:
„1 Kreuz M: 3,75 - 1 Medaille Bronze vergoldet M: 1,8O - 1 Medaille Neusilber versilbert M: 1,80"

Je 50 Stück der neuen Auszeichnungen wurden bereits am 7.8.1913 zur Lieferung für Mitte Dezember bei Knauer bestellt. Es wurde auch vermerkt, dass Knauer die Zeichnung zurück erhalten habe, gleichwohl ist sie in den Akten des Staatsarchivs Oldenburg erhalten [24)].

Bei den oben beschriebenen Auszeichnungen handelt es sich um Werke Richard Knauers, die - wie bei der Rote Kreuz-Medaille - mit einer eigenhändigen Entwurfs-Zeichnung belegt sind.

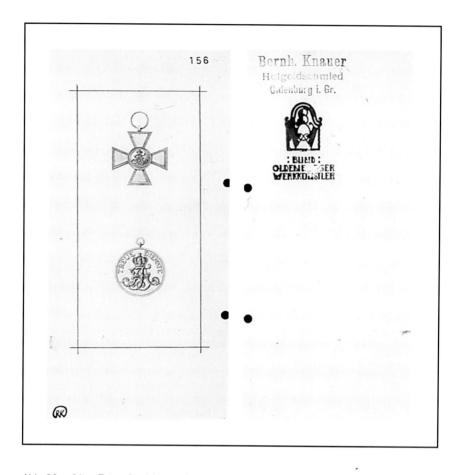

Abb. 30 u. 31:   Entwurfszeichnung für die Dienstauszeichnungen, Vs. u. Rs., 1913,
Grösse: 23,3 x 11,2 mm
Bildnachweis: Staatsarchiv Oldenburg, Foto: Herr Ott

14. Gendarmerie - Dienstauszeichnung für 18 Jahre, 1913 (siehe Abb. 32 u. 33)

Kupfernes Kreuz mit einfacher Drahtöse, Höhe: 33 mm, Breite: 33 mm, Gewicht:
13,05 gr.

Vs. : Im Mittelschild gekröntes verschlungenes Monogramm „FA" (Grossherzog Friedrich August)
Rs. : Im Mittelschild die römische Ziffer: „XVIII"

(Abb. 32 u. 33)

Bemerk.: Der Entwurf für diese Gendarmerie-Auszeichnung stammt wie unter Nr. 13.
d. Werkverzeich. ausgeführt von Richard Knauer, auch ansonsten gilt das
oben Gesagte. Die Firma B . Knauer lieferte wie bei den Gendarmene-Me-
daillen im Dezember 1913 50 Stück der Auszeichnung [24].

15. Ehrenschild der Oldenburgischen Landwirtschaftskammer, 1913
(siehe Abb. 34)

Grosses Relief aus bronziertem Metall, auf schwarzer Holzplatte montiert, Höhe des
Metallteils: 26,8 cm, Breite des Metallteils: 19,3 cm

Vs.: Im oberen Teil: Szene aus mehreren Tieren, im Hintergrund Bauernhaus und
Bienenstand,
im unteren Teil: Gekröntes quadriertes Wappen und Schrift: „EHRENSCHILD /
FÜR HERVORRAGENDE / LEISTUNGEN AUF DEM GEBIETE / DER TIERZUCHT/
LANDWIRTSCHAFTSKAMMER / FÜR D. HERZOGTUM OLDENBURG"
am rechten mittleren Rand: Medailleurzeichen Richard Knauers: „RK" mit Bogen"
RS.: Auf schwarzer Holzplatte befestigt

Bemerk.: Das Ehrenschild der Oldenburgischen Landwirtschaftskammer wurde durch
einen Vorstandsbeschluss vom 11. Dezember 1912 gestiftet und sollte den
Inhabern der Staatsmedaillen für landwirtschaftliche Verdienste (s. Nr. 4. d.
Werkverzeich.). bei oldenburgischen Tierschauen zusätzlich verliehen werden. Nach einer Bekanntmachung im Oldenburgischen Landwirtschaftsblatt vom 13.6.1913 sind die Ehrenschilder „künstlerisch ausgeführte ge-
triebene Plaketten, welche der Besitzer sowohl als Wandschmuck in seiner
Wohnung als auch an den Ständen seiner Tiere anbringen kann".

Der künstlerische Entwurf und wohl auch die Ausführung des Ehrenschildes erfolgten durch Richard Knauer, wie sein Medailleurzeichen am rechten Rand des Kunstwerks zeigt.

Das Landwirtschaftsblatt Nr. 47, 61. Jahrgang vom 21. November 1913 führt die Namen von 17 Ausstellern auf, denen bei oldenburgischen Tierschauen im Jahre 1913 die Staatsmedaille und zusätzlich das Ehrenschild der Landwirtschaftskammer verliehen worden ist. Weitere Verleihungen in den folgenden Jahren konnten nicht festgestellt werden.

Abb. 34:
Ehrenschild der Oldenburgischen Landwirtschaftskammer

16. Wandschmuck aus dem oberen Teil des Ehrenschildes der Oldenburgischen Landwirtschaftskammer (Abb. 35)

Der reliefartige obere Teil des Ehrenschildes wurde später - wahrscheinlich nach 1918 - allein als Wandschmuck verwendet und so wahrscheinlich von der Firma Knauer veräussert.

Der untere Schriftteil mit Krone und Wappen wurde abgetrennt und die Tierszene mit Bauernhaus und Bienenstand ebenfalls auf eine schwarze Holzplatte montiert. Das Medailleurzeichen Richard Knauers: „RK mit Bogen" findet sich jetzt am unteren rechten Rand.

17. Friedrich August - Kreuz I. und II. Klasse, 1914   (Abb. 36)

Kreuz aus geschwärztem Eisen, in der I. Klasse mit rückseitiger Befestigungsnadel, in der II. Klasse mit Öse und Tragring

Höhe und Breite der I. Kl.: 45 mm, Gewicht der I. Kl.: 27,0-28,5 gr.,
Höhe und Breite der II. Kl.: 39,5 mm, Gewicht der II. Kl.: 20,7 gr.

Vs.: Im Mittelschild das Monogramm „FA" (Grossherzog Friedrich August), auf dem oberen Kreuzarm die grossherzogl. Krone, auf dem unteren Kreuzarm das Stiftungsjahr „1914"

Rs.:   Glatt mit Befestigungsnadel bzw. ohne Schmuck

Bemerk.: Die Auszeichnungen wurden am 24. September 1914 von Grossherzog Friedrich August gestiftet, lt. Hessenthal und Schreiber [25] stammt der Entwurf vom damaligen Flügeladjutanten des Grossherzogs, Oberst Jordan.

Den Auftrag zur Lieferung der Auszeichnungen erhielt die Firma B. Knauer; bis Ende 1918 lieferte Knauer 6900 Stück der I. Klasse und 62800 Stück der II. Klasse [26], demnach wurden ca. 1,6 to. Eisen „verbraucht".

Die Verleihung des Friedrich August-Kreuzes I. Klasse erfolgte in einem „feldgrauen Verleihungskästchen mit dem Aufdruck in der Innenseite des Deckels: „Bernh. Knauer / Hofgoldschmied / Oldenburg i Gr.", das der II. Klasse in einer Verleihungstüte mit einem entsprechenden Aufkleber.

Dem „Hofgoldschmied Richard Knauer" wurde vom Grossherzog mit Datum vom 27. Oktober 1916 das Friedrich August-Kreuz II. Klasse am rotblauen Bande (am sog. Friedensbande) verliehen (s. Abb. 39).

1 8.   „Oldenburger Gedenktaler", Gedächtnismedaille „1815 - 1915",
1915   (Abb. 37 u. 38)

Silberne Medaille, Grösse: 33 mm Durchmesser, Gewicht: 15,17 gr.

Vs.:   Portrait des Grossherzogs Friedrich August mit Umschrift, am unteren Rand das Medailleurzeichen: „RK mit Bogen"
Rs.:   Zwei gekreuzte Schwerter auf einem Eichenkranz mit der Umschrift: „EIN GOTT. EIN RECHT. EINE WAHRHEIT" (Wahlspruch des Haus- und Verdienstordens) und den Jahreszahlen: „1815 - 1915"

Bemerk.:   Die Idee und den Entwurf für diese Gedenkmedaille entwickelte Richard Knauer im Jahre 1915 unter dem Eindruck des begonnenen Weltkrieges; bei der Medaille handelt es sich um keine Auftragsarbeit, sondern um eine eigene Edition Richard Knauers, wohl zum Verkauf in seinem Geschäft.

Mit einem Schreiben vom 6. Juli 1915 an den Oberkammerherrn des Grossherzogs, Freiherrn von Bothmer-Bennemühlen [27]) legte Richard Knauer ein erstes Exemplar der Medaille bei Hofe vor. In dem Schreiben werden auch die Beweggründe für die Medaillenausgabe genannt, es heisst dort: „Bei dem Entwurf zu beiliegendem Gedächtnistaler hat mich der Gedanke geleitet die grosse Zeit in der wir leben mit der Erinnerung an die Erhebung Oldenburgs zum Grossherzogtum zu verbinden".

Es ist nicht bekannt, in welcher Auflagenhöhe die Medaille geprägt wurde.

129

19. Kriegsverdienstmedaille, 1916 *(Abb. 39 u. 40)*

Hochovale Medaille aus geschwärztem Eisen, Höhe: 35 mm, Breite: 28 mm, Gewicht: 17,0 gr.

Vs.: Portrait des Grossherzogs Friedrich August mit Umschrift, am unteren Rand das Medailleurzeichen: „RK mit Bogen"

Rs.: Oben und unten je ein Punkteornament, dazwischen Inschrift: „FÜR / TREUE DIENSTE / IM / WELTKRIEGE"

Bemerk.: Ausweislich des Medailleurzeichens wurde der Entwurf für diese Medaille von Richard Knauer gefertigt. Die Firma B. Knauer lieferte im Jahre 1917 3000 Stück dieser Auszeichnung [28].

20. 1/2 Mark 1917, Notmünze der Handelskammer Oldenburg

Bemerk.: Die Handelskammer Oldenburg hat im Laufe des Jahres 1918 für 150 000 Mark Notgeld in Form von 1/2 Mark-Münzen - also 300 000 Stück - ausgegeben. Der Grund war der allenthalben festgestellte akute Kleingeldmangel zu Ende des Krieges.

Über die Entstehungsgeschichte und die künstlerische Bedeutung der Notmünzen hat Michael Henneberg berichtet, dort ist die Münze auch abgebildet [29]. Die Firma Richard Knauer in Oldenburg war Auftragnehmer für die Lieferung der Notmünzen; nach dem vorliegenden Angebot sollten je 1 000 Stück in verzinktem Eisen 22,50 Mk. kosten, in Edelzink dagegen 25,20 Mk.

und in Hilaminzink 29,40 Mk. Knauer hat bei den Prägeanstalten Gustav Brehmer, Markneukirchen und Mayer und Wilhelm, Stuttgart prägen lassen.

Alle obigen Angaben wurden in einem Schreiben der Handelskammer Oldenburg vom 18.2.1919 bestätigt [30].

Der Entwurf der Rückseite der Münze mit dem eine Hundemeute angreifenden (deutschen) Eber stammt von dem in Oldenburg tätigen Historienmaler Hugo Zieger. Die Gestaltung der Vorderseite - der Wertseite also - stammt von Richard Knauer. In einem Handschreiben vom 2. Jan. 1919 an Dr. Hadeler, Syndicus der Handelskammer, gestattete sich Knauer darauf aufmerksam zu machen, „daß die Wertseite des Notgeldes von mir entworfen ist". Richard Knauer war also hier nicht nur Auftragnehmer, sondern auch Mitgestalter der Münze.

Auch wenn die Münze tatsächlich dem Kleingeldmangel abhelfen sollte, war man sich auch von Beginn an über die Bedeutung als Sammelobjekt einig. In einem Schreiben der Handelskammer Oldenburg vom 13. Febr. 1918, in dem die Münzenausgabe dem Deutschen Handelstag in Berlin angezeigt wurde, heisst es bereits u.a.: „Der originelle künstlerische Entwurf, sowie die gute technische Durchführung der Münze werden sicherlich viele Sammler veranlassen, das Geld nach seiner Einziehung als interessantes Erinnerungsstück an die Kriegszeit zurück zu behalten."

21.   Lorbeerzweige zu Ordenskreuzen des Haus- und Verdienstordens des Herzogs Peter Friedrich Ludwig

Bemerk.:   Grossherzog Friedrich August stiftete mit Bekanntmachung vom 21. Oktober 1918 den „Lorbeer" zu den Schwerterdekorationen der verschiedenen Stufen des Haus-und Verdienstordens, offensichtlich als besondere militärische Auszeichnung in dem zu Ende gehenden Weltkrieg. Am 29. Oktober 1918 erfolgten die insgesamt 8 Verleihungen.

Die Firma B. Knauer versah nach den im Hausarchiv Eutin vorliegenden Rechnungen die Ordenskreuze mit den Lorbeerzweigen [31].

III.

Das Ende des Weltkrieges und die Änderung in den staatlichen Verhältnissen im November 1918 werden auch für Richard Knauer und seine Familie eine grosse Bedeutung gehabt haben. Nach Betrachtung der Werke Richard Knauers bis zu diesem Zeitpunkt soll noch Biografisches nachgeholt werden:

Am 11. Dezember 1906 starb 75jährig der Vater Bernhard Knauer, die übliche Todesanzeige und ein kurzer Nachruf erschienen in den Oldenburger Nachrichten vom 12. Dezember 1906: Der Verstorbenen wird als angesehener Bürger der Stadt Oldenburg bezeichnet, der sich ganz dem Ausbau seines Geschäfts gewidmet habe und lange Jahre Mitglied des Kirchenrats gewesen sei. Besonders vermerkt wird die Verleihung des Titels „Hofgoldarbeiter" im März 1889. Schon im September 1889 hatte sich Bernhard Knauer ausweislich des vorliegenden Grabscheins[32] eine Grabstelle auf dem St. Gertruden-Kirchhof in Oldenburg gesichert.

Mehrere Male erschienen Geschäftsanzeigen der Firma Bernhard Knauer in der örtlichen Presse, den Oldenburger Nachrichten, so am 17.12.1906 und am 15.8.1913. Als weiteres Beispiel kann noch genannt werden die Anzeige im „Führer durch sämtliche Veranstaltungen" der Oldenburger Woche vom 21.-31. Mai 1921 (OWO) auf S. 128. Anlässlich der Hundertjahrfeier des Oldenburgischen Infanterieregiments Nr. 91 am 15.-17. August 1913 veranstaltete Richard Knauer im Schaufenster seines Geschäftshauses in der Langen Strasse 26 eine „interessante und vielseitige Ausstellung" sämtlicher oldenburgischer „Feldzugsmedaillen und Militärehrenzeichen des verflossenen Jahrhunderts" sowie alter oldenburgischer Helme. In dem Zeitungsbericht wurde auch erwähnt, dass es sich um „mit grosser Mühe zusammengebrachte Erinnerungsstücke aus vergangenen Zeiten" handele; Richard Knauer muss damit auch als Sammler (u.a.) oldenburgischer Ehrenzeichen gelten. Erwähnt wurde auch die Ausstellung der „vorzüglich gearbeiteten Erinnerungsmedaille tür die Jahrhundertfeier", allerdings ohne Angabe des Entwurfsverfasser bzw. des Herstellers der Medaille.

Im Februar 1907, also schon kurze Zeit nach der auch förmlichen Geschäftsübernahme nach dem Tode des Vaters, erfolgte bereits durch den Grossherzog die Ernennung Richard Knauers zum „Hofgoldschmied", was in den Oldenburger Anzeigen vom 15.2.1907 vermerkt wurde. Offensichtlich seit 1915 war Richard Knauer Mitglied des Bundes Oldenburger Werkkünstler, wie die Führung des Signets des Bundes auf der Rückseite der Entwurfszeichnung für die Gendarmerie-Auszeichnung (s. Abb. 31) und weiterer Schriftstücke zeigt. Der Bund Oldenburger Werkkünstler war im April 1913 gegründet worden, der Vorsitzende war damals Adolf Rauchheld.

Weder Vater noch Sohn Knauer haben, trotz ihrer vielfältigen Beziehungen zum grossherzoglich oldenburgischen Staat und insbesondere zur Ordenskanzlei und trotz ihrer Leistungen für das oldenburgische Auszeichnungswesen, hierfür eine Ordens- oder Medaillen-Auszeichnung erhalten. Der Grossherzog hat allerdings – wie schon erwähnt – am 27.10.1916 Richard Knauer das Friedrich August-Kreuz II. Klasse am rot/blauen Bande (s. Abb. 41) verliehen; die Verleihung am rot/blauen Bande erfolgte nicht für Verdienste an der Front, sondern für Kriegshilfsdienste in der Heimat. Ebenso erhielt Richard Knauer vom König von Preussen am 9.10.1917 das preussische Verdienstkreuz für Kriegshilfe.

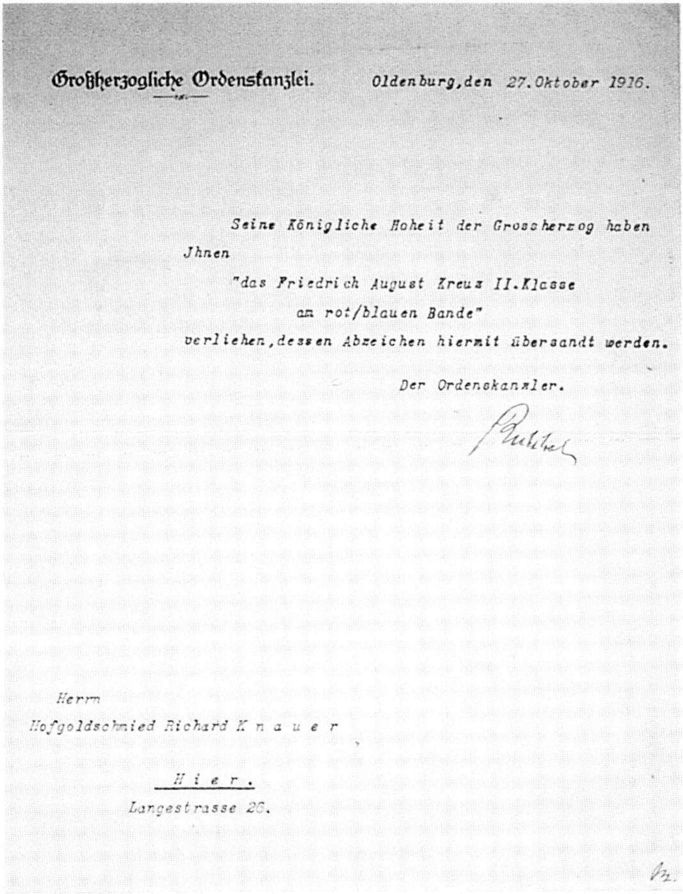

Großherzogliche Ordenskanzlei.   Oldenburg, den 27. Oktober 1916.

                    Seine Königliche Hoheit der Grossherzog haben
          Jhnen

                    "das Friedrich August Kreuz II.Klasse
                         am rot/blauen Bande"
          verliehen, dessen Abzeichen hiermit übersandt werden.

                         Der Ordenskanzler.

          Herrn
          Hofgoldschmied Richard K n a u e r

                    H i e r .
          Langestrasse 26.

Abb. 41:   Verleihungsurkunde an Hofgoldschmied Richard Knauer vom 27.10.1916,
*   Größe 28,2 x 22,2 cm*
*   Bildnachweis: Sammlung Ernst Klie, Foto: Eckard Schmidt, Hude*

Mit der Lieferung der 8 Ordenskreuze mit Lobeerdekoration endeten die Geschäftsbeziehungen der Firma B. Knauer mit der grossherzoglichen Ordenskanzlei; die Firma Knauer mußte sich nun für nicht absehbare Zeit auf die Belieferung ihrer Privatkunden beschränken.

Staatliche Orden und Ehrenzeichen durften nach Art. 109 der (neuen) Reichsverfassung nicht verliehen werden; hieran war auch der Freistaat Oldenburg gebunden. Mehrere Versuche der „drei oldenburgischen Kammern" (Landwirtschafts-, Handels- und Handwerkskammer) bereits im September 1920 den Freistaat Oldenburg zur Stiftung und Verleihung einer (neuen) Medaille für treue Dienste (in der Arbeit) zu veranlassen, schlugen fehl. Es blieb den drei Kammern nur der Weg einer „privaten" Stiftung und Verleihung eines Ehrenzeichens für Arbeitsjubilare. Die Firma B. Knauer war offensichtlich als Auftragnehmer und Lieferant von Ehrenzeichen noch bestens eingeführt, so dass sie bereits im Mai 1921 mit der Lieferung beauftragt wurde. Auch für die Lieferung der späteren staatlichen Auszeichnungen des Freistaats Oldenburg kam nur die Firma Knauer in Frage.

Es schliesst sich also in Teil IV. eine Betrachtung der Werke und Lieferungen Richard Knauers nach 1918 an.

IV.

22. *Ehrenkreuz der drei Oldenburgischen Kammern für Arbeitsjubilare,*
1921 *(Abb. 42)*

Vergoldetes und weiss-emailliertes Kreuz mit Kugelspitzen, Höhe und Breite: 38 mm,
Gewicht: 13,51 gr.

Vs.: Weiss-emailliertes Mittelschild mit dem quadrierten Wappen des Freistaates Oldenburg in blauer und roter Emaille

Rs.: Weiss-emailliert, ohne Schmuck

Bemerk.: Nach dem das Oldenburgische Staatsministerium am 16. September 1920
abschliessend geantwortet hatte, dass eine Verleihung von Medaillen für
Arbeitsjubilare wegen entgegenstehenden Verfassungsrechts nicht erfolgen
könne, beschlossen die Geschäftsführer der drei Kammern am 6. Mai 1921 [33]),
zukünftig zwei Auszeichnungen für „Treue in der Arbeit" zu verleihen, eines
nach 15jähriger und das zweite nach 25jähriger Tätigkeit in demselben
Betrieb. Nur die Auszeichnung für 25jährige Tätigkeit wurde näher bezeichnet als „weisses Emaillekreuz mit Wappen".

Zuvor mit Datum vom 21. April 1921 hatte die Firma B. Knauer, Inh. Richard Knauer Entwürfe und Preisvorstellungen für drei Auszeichnungen
vorgelegt; auch hierbei wurde nur eines wie oben näher beschrieben. Der
Preis betrug bei einer Abnahme von 12 Stück 85 Mark das Stück. Von den
Emaillekreuzen wurden schliesslich am 11. Mai 1921 24 Stück bei Knauer
in Auftrag gegeben. Die erste Verleihung erfolgte am 26. Mai 1921 an Herrn
Heinrich Lamping bei der Firma Zerhusen in Lohne bei Vechta.

Im September/Oktober 1922 erfolgte bereits die nächste Lieferung (50
Stück), nun schon zu einem Stückpreis von 880 Mark. Auch hier ist davon

auszugehen, dass Richard Knauer die ersten Kreuze selbst hergestellt hat, ansonsten würden die kurzen Lieferfristen nicht einzuhalten sein. Die Herstellung der späteren Lieferungen erfolgten bei einer fremden (nicht bekannten) Firma im Auftrage von Knauer. Dieses zeigt ein Schreiben der Industrie- und Handelskammer Oldenburg vom 28. Januar 1926 an die Industrie- und Handelskammer Limburg/Lahn, in dem es u.a. heisst: „Die Anfertigung (der Kreuze) geschieht im Auftrage eines hiesigen Juweliergeschäftes. Wir würden Ihnen den Hersteller später benennen können."

Nach der im Staatsarchiv Oldenburg vorliegenden Zusammenstellung der „beliehenen Personen" sind bis zum 1. August 1934 1185 Auszeichnungen verliehen worden; die Auflistung enthält allerdings keine Unterscheidung nach Ehrenkreuzen für Arbeitsjubilare und für besondere Verdienste (s. Nr. 23. d. Werkverzeichn.). Danach erfolgten keine Verleihungen mehr.

Ob die ersten von der Firma Knauer hergestellten Ehrenzeichen bereits dem oben beschriebenen entsprachen, ist fraglich; es existiert ein Entwurf oder sogar verliehenes Exemplar für ein Ehrenkreuz für besondere Verdienste (Steckkreuz) (s. Nr. 23 d. Werkverzeich.) mit dem gekrönten, gespaltenen (kleinen) Wappen des Grossherzogtums.

23. *Ehrenkreuz der drei Kammern für besondere Verdienste, 1926* *(Abb. 43)*

Vergoldetes und weiss-emailliertes Steckkreuz mit Kugelspitzen in gewölbter Form, Höhe und Breite: 48 mm, Gewicht: 26,38 gr.

Vs.: Weiss-emailliertes Mittelschild mit dem quadrierten Wappen des Freistaates Oldenburg in blauer und roter Emaille

Rs.: Vergoldet, ohne Schmuck, mit Befestigungsnadel

Bemerk.: Bereits in der erwähnten Geschäftsführer-Entschliessung vom 6. Mai 1921 wurde bestimmt, das Emaillekreuz außer bei 25jähriger Beschäftigung auch bei „Algemeinverdiensten um die Förderung der Landwirtschaft, Handwerk, Gewerbe Industrie und Handel" zu verleihen.

Die erste Verleihung mit dieser Begründung erfolgte am 9. August 1921 an Herrn Kommerzienrat Beindorf, Vorsitzenden der Vereinigten Niedersächsischen Handelskammern in Hannover.

Eine Beschreibung der oben vorgestellten Form des Ehrenzeichens als Steckkreuz enthalten erst die mit Entwurf vom 6. September 1926 aufgestellten „Bestimmungen für die Verleihung des Ehrenkreuzes der Vereinigten Drei Oldenburgischen Kammern", danach sollte die erste Ausführung in einem weissen Emaillekreuz in gewölbter Form bestehen, dass auf der linken untern Brust zu tragen war.

24. Rettungsmedaille des Freistaates Oldenburg, 1927   (Abb. 44 u. 45)

Matt-silberne Medaille, Grösse: 30 mm Durchmesser, Gewicht: 13,69 gr.

Vs.: In der Mitte: Quadriertes Wappen des Freistaates Oldenburg, links: kleineres Wappen des Landesteiles Lübeck, rechts: kleineres Wappen des Landesteiles Birkenfeld

Rs.: Inschrift im Eichenkranz: „FÜR / RETTUNG / AUS / GEFAHR"

Bemerk.: Die Erwägungen zur Wiedereinführung der Rettungsmedaille nach 1919 wurden staatlicherseits geführt; erst im Jahre 1926 war das Oldenburgische Staatsministerium bereit, den Widerstand aufzugeben. Andere deutsche Länder hatten diese Auszeichnung längst wieder eingeführt. Man vertrat nun die Auffassung, die Rettungsmedaille sei kein Orden oder Ehrenzeichen, sondern „eine sichtbare Anerkennung für eine bestimmte Tat", auf welche das Verfassungsverbot nicht anzuwenden sei.

Folglich beschloss man am 30. Oktober 1926: „Die Verleihung der Verdienstmedaille für Rettung aus Gefahr wird wieder aufgenommen"[34]), und unter Ziffer 4., dass die neue Medaille in Form und Prägung der früheren Verdienstmedaille angeglichen werden solle. Die Rückseite solle das Oldenburgische Landeswappen mit der Überschrift „Freistaat Oldenburg" tragen und zur Wappenfrage solle zunächst Herr Ministenalrat Rauchheld gehört werden.

Damit war die Gestaltung der neuen Rettungsmedaille weitgehend festgelegt. Adolf Rauchheld (1868 -1932) war Architekt und staatlicher Denkmalpfleger in der Oldenburgischen Staatsverwaltung; 1921 hatte er die Bronzemedaille [35]) zur Einweihung des Denkmals für das Oldenburgische Infanterieregiment Nr. 91 entworfen. Im Staatsministerium galt er als Architekt auch als sachverständig für Medaillenfragen.

Adolf Rauchheld hat zwei zeichnerische Entwürfe jeweils für Vorder- und Rückseite der neuen Rettungsmedaille geschaffen und in einem Begleitschreiben hierzu Stellung genommen. Besondere Bedeutung hatte die Frage der Aufnahme der Wappen der Landesteile Lübeck und Birkenfeld auf der Wappenseite der Medaille, die nach dem ersten Entwurf nicht vorgesehen war. Die zeichnerischen Entwürfe sind jeweils auf einem Doppelbogen Karton in Blei gezeichnet, die Medaillen haben dort einen Durchmesser von 18 cm.

Schon im September 1926 hatte der Vertreter des Staatsministeriums Kontakt mit Richard Knauer bzgl. der Lieferung der Medaillen aufgenommen. Der Kostenanschlag Knauers erging mit Datum vom 4. Oktober 1926: Berechnet wurde ein neuer Avers-Stempel mit 55 Mark, die Silbermedaillen sollten 3,75 Mark das Stück kosten, dazu kamen die Kosten für Bänder und Etuis.

Bemerkenswert ist der Hinweis Richard Knauers, dass er den Revers-Stempel der vor 1919 verliehenen Medaille „besitze", ein Beweis dafür, dass Knauer die Prägestempel der von ihm gelieferten Medaillen aufbewahrte und verwenden konnte. Doch gegen die unmittelbare Verwendung des alten Stempels bestanden im Ministerium Widerstände; man wollte ein „in Verbindung bringen" mit den früheren staatlichen Verhältnissen vermeiden.

Gleichwohl blieb es bei der Beibehaltung des Themas für die Revers-Seite der Medaille: „Eichenkranz mit Inschrift".

Adolf Rauchheld empfahl die Neugestaltung beider Seiten der Medaille und legte seinen zweiten Entwurf vor (s. Abb. Nr. 46), die Wappenseite war nun die Vorderseite. Dieser Entwurf sollte ausgeführt werden; die weiteren Arbeiten wurden Richard Knauer übertragen, der in Absprache mit Rauchheld wohl die Gips-Modelle zur Herstellung der Prägestempel anfertigte. Dabei wurden noch gestalterische Einzelheiten geändert und ergänzt.

Schliesslich konnte am 28. Dezember 1926 die Lieferung von 50 Medaillen bei der Firma Knauer in Auftrag gegeben werden. Am 9. Februar 1927 stellte Richard Knauer die Rechnung mit 135 Mark für die beiden neuen Prägestempel und 277,50 Mark für 50 Medaillen samt Bändern und Etuis; Einzelpreis für die Medaille also 5,55 Mark.

Im Januar 1929 waren bereits 41 Medaillen (wohl auch rückwirkend) verliehen worden, so dass ein weiterer Auftrag zur Lieferung von 50 Medaillen an die Firma Knauer erging; insgesamt ist also die Herstellung von 100 Rettungsmedaillen feststellbar.

25. Feuerwehr Verdienstmedaille des Freistaates Oldenburg, 1927 (Abb. 47 u 48)

Medaille aus heller Bronze, Grösse: 30 mm Durchmesser, Gewicht: 12,58 gr.

Vs.:   Quadriertes Wappen des Freistaates Oldenburg mit kleineren Wappen der Landesteile Lübeck und Birkenfeld, wie Rettungsmedaille

Rs.:   Inschrift im Eichenkranz: „FÜR / VERDIENSTE / UM DAS / FEUERLÖSCH / WESEN"

Bemerk.:   Mit Kriegsbeginn 1914 war die Verleihung der Feuerwehr-Verdienstmedaille eingestellt worden. An Stelle der Medaillen wurden seit dem 8. August 1921 Ehrenurkunden für 25jährige Mitgliedschaft verliehen, bis zum 28. August 1928 752 Urkunden.

Im Jahre 1928, nach Wiederverleihung der Rettungsmedaille, entwickelte sich die Absicht, auch die Verleihung von Feuerwehr-Verdienstmedaillen wieder aufzunehmen. Auf einem diesbzgl. Schreiben des Ministerialamtmanns Körber vom 28. August 1928 [36]) vermerkte Staatsminister Dr. Driver, dass grundsätzlich anzuerkennen sei, dass „neben Rettungsmedaillen auch Feuerwehrmedaillen vom Staat verliehen werden".

Fernmdl. war bereits mit Richard Knauer Kontakt aufgenommen worden, der am 18. August 1928 vorschlug, „die neue Feuerwehr-Medaille mit demselben Wappen etc. zu schmücken, wie die neue Rettungsmedaille. Es würden dadurch auch die Stempelkosten gespart". Auf dem schriftlichen Vorschlag Knauers findet sich der Vermerk: „Einl. eine Zeichnung, um deren gelegentliche Rückgabe ich bitte." Die andere Seite der Medaille sollte der „früheren einfachen Gestaltung" entsprechen, allerdings mit der geänderten Inschrift: „Für Verdienste um das Feuerlöschwesen".

Der Entwurf für die neue Feuerwehrmedaille und die weiteren Vorarbeiten sind also von Richard Knauer gefertigt worden. Die Kosten sollten bei einer Lieferung von 500 Stück mit Bändern und Verleihungskästchen1,30 Mark das Stück betragen. Da keine weiteren Bestellungen in den Akten genannt werden, ist davon auszugehen, dass insgesamt 500 Feuerwehr-Verdienstmedaillen angefertigt und geliefert worden sind.

Am 10. Juli 1929 wurde die neue Feuerwehr-Verdienstmedaille erstmals vom Staatsministerium an den Vorsitzenden des Oldenburgischen Feuerwehrverbandes, Landesbrandmeister Koch verliehen [37]).

26. Staatsmedaille für Verdienste um die Landwirtschaft des Freistaates Oldenburg, o.J. (Abb. 49 u. 50)

Silberne Medaille: Grösse: 38 mm Durchmesser, Gewicht: 28,92 gr.
Bronzeabschlag: Grösse: 38 mm Durchmesser, Gewicht: 21,89 gr.

Vs.: Quadriertes Wappen des Freistaates Oldenburg in vertieftem Feld, Umschrift auf erhöhtem Schriftband: „Freistaat Oldenburg"
Rs.: Inschrift im Eichen- und Früchtekranz: „FÜR / HERVORRAGENDE / LEISTUNGEN / AUF DEM GEBIETE / DER / LANDWIRTSCHAFT" (gleicher Rückseitenstempel wie Nr. 4. d. Werkverzeich.)

Bemerk.: Staatsmedaillen für landwirtschaftliche Verdienste wurden im Grossherzogtum Oldenburg u.a. verliehen als Preismedaillen bei Tierschauen (s. hierzu die Nr. 4. u. 15. d. Werkverzeich.). Die Verleihung der Staatsmedaille zu Nr. 4. d. Werkverzeichn. erfolgte nach Beginn des Weltkrieges wohl nicht mehr, wann die Verleihung in der neuen Gestaltung wieder aufgenommen wurde, lässt sich nicht datieren. Erstaunlich ist das geringe heutige Auftreten der oben beschriebenen Medaille; ausser der mir vorliegenden, sind nur wenige weitere bekannt.

In der sog. Knauer-Stiftung [3]) im Stadtmuseum Oldenburg befindet sich ein Blei-Abschlag der obigen Medaille; dieser Bestand und die wahrscheinliche Gestaltung und die Lieferung der grossherzoglichen Staatsmedaillen lässt vermuten, dass auch die in Rede stehende Medaille von Richard Knauer entworfen und geliefert worden ist.

27. ***Portraitmedaille zum 100. Todestag des Herzogs Peter Friedrich***
Ludwig, 1928 *(Abb. 51 u. 52)*

Silberne Medaille, Grösse: 29 mm Durchmesser, Gewicht: 11,0 gr.

Vs.: Uniformiertes Portrait des Herzogs Peter Friedrich Ludwig mit Umschrift

Rs. : Grosse Jahreszahlen in Schreibschrift: „1785" (Regierungsantritt des Herzogs als Fürstbischof von Lübeck und Regierungsadministrator des Herzogtums Oldenburg) / „1829" (Tod des Herzogs am 21. Mai 1829 in Wiesbaden)

Unterhalb der Jahreszahlen das bekannte Medailleurzeichen Richard Knauers: „RK mit Bogen"

Bemerk.: Ausweislich des Medailleurzeichens auf der Rückseite der Medaille handelt es sich um ein Werk Richard Knauers. Wahrscheinlich hat Knauer das „Lauchhammer" Portraitmedaillon des Herzogs Peter Friedrich Ludwig [38]) als Vorlage für die Portraitgestaltung genutzt. Es hat sich allerdings kein direkter Hinweis finden lassen, wann die Medaille entworfen und geprägt worden ist. Einstweilen kann nur vermutet werden, das die Medaille zum 100. Todestag des Herzogs am 21. Mai 1929 herausgegeben werden sollte und vorher hergestellt wurde. Dieses Datum wird bestätigt durch die Anbringung der Medaille im Münzbecher von 1928 (s. Nr. 28. d. Werkverzeich.).

28. *Münzbecher mit 6 Oldenburgischen Münzen und Medaillen, 1928* (Abb. 53)

Abb. 53: Münzbecher 1928   *Foto: Eckhard Schmidt, Hude*

Silberner, oben offener Becher mit 3 Eicheln mit Fruchtböden als Füsse und umlaufender Eichenlaubbordüre etwa 17 mm unterhalb des oberen Randes

Höhe: 16,0 cm, oberer Durchmesser: 8,2 cm, Feingehalt lt. Silberpunze: 800feines Silber

Am oberen Rand, oberhalb der Eichenlaubbordüre findet sich in einer Zeile die Material- und Herstellerangabe: Undefinierbares Zeichen (mögl. Metallzeichen f. Silber) - Feingehalt „800" - „B. KNAUER" - „RK mit Bogen".

Abb. 54: Entwurfszeichnung für Münzbecher 1928
Bildnachweis: Stadtmuseum Oldenburg, Repro: Fa. Wöltje, Oldenburg

Der Münzbecher enthält folgende Münzen und Medaillen im Körper eingesetzt:
- Pistole des Herzogs Friedrich August von Oldenburg von 1776
- Portraitmedaille des Herzogs Peter Friedrich Ludwig von 1928 (Nr. 27. d. Werkverzeichn.)
- Rettungsmedaille mit Portrait des Grossherzogs Paul Friedrich August (Nr.11 d. Werkverzeichn.)
- Zwei Mark-Reichsmünze mit Portrait des Grossherzogs Nicolaus Friedrich Peter von 1891
- Zwei Mark-Reichsmünze mit Portrait des Grossherzogs Friedrich August von 1900,
  im Boden ist eingesetzt:
- Vereinsthaler mit Portrait des Grossherzogs Nicolaus Friedrich Peter.

Bemerk.: Das Stadtmuseum Oldenburg hat kürzlich die Original-Entwurfszeichnung für den oben beschriebenen Münzbecher erwerben können: Die Zeichnung enthält den Entwurf in der wahren Grösse, darunter in Schreibschrift: „eine Münze im Boden / und 5 Münzen im Körper" und seitlich: „RK mit Bogen" und darunter „1928." (s. Abb. 54).

Wie angegeben, enthält die Entwurfszeichnung die Jahreszahl „1928"; es kann daher angenommen werden, dass der Becher im Herbst 1928 / Frühjahr 1929 etwa gleichzeitig mit der Portraitmedaille des Herzogs Peter Friedrich Ludwig von Richard Knauer entworfen und angefertigt worden ist. Die Portraitmedaille sollte sicherlich spätestens zum 100. Todestag des Herzogs im Mai 1929 zum Erwerb durch die Käuferschaft vorliegen, der Becher wird mit etwa gleichem Datum fertiggestellt worden sein.

V.

Mit der Nr. 28. des vorstehenden Werkverzeichnisses enden meine Kenntnisse über die Werke Richard Knauers, es ist nicht ausgeschlossen und sehr wünschenswert, Hinweise zu weiteren Werken des Medailleurs zu erhalten.

Richard Knauer ist am Montag dem 10. Juli 1933 im Alter von 71 Jahren in Oldenburg gestorben; die Todesanzeige erschien am nächsten Tag in den Oldenburger Nachrichten für Stadt und Land in verhältnismässig grosser Aufmachung und mit seinem noch vom Grossherzog verliehenen Titel „Hofgoldschmied". Die Beerdigung fand am 13. Juli 1933 statt; auch R. Knauer hatte für sich und seine Familie bereits am 15. Dezember 1919 eine Grabstelle auf dem St. Gertruden-Kirchhof in Oldenburg [32]) gekauft. Dort ist er auch beerdigt worden, die Grabstelle existiert heute noch.

Eine Nachruf auf Leben und Wirken Richard Knauers ist in den Tageszeitungen nicht zu finden. Es liegen erkennbar keine Äusserungen von Zeitgenossen über den Menschen und Künstler Richard Knauer vor. Es mag sein,dass seine Werke im Vergleich mit der Medaillenkunst grösserer Zentren wie Berlin oder München nur von regionaler Bedeutung waren; auch sind sie erkennbar keiner bestimmten Stilrichtung zuzuordnen. Aber, da Richard Knauer neben Adolf Rauchheld [35]) gleichwohl allein die Medaillenkunst jener Zeit in der Stadt Oldenburg repräsentiert, müssen seine Werke als zeitgenössisch-oldenburgisch angesehen werden. Sie besitzen somit ihren bleibenden Wert.

Anmerkungen:

1 siehe „Hofgraveur Rudolf Kölbel" in Ernst Klie, Schiftenreihe des Vereins Oldenb. Münzfreunde Bd. 3, Oldenburg 1995, S. 49
2 Adreßbuch für die Haupt- und Residenzstadt Oldenburg 1868
3 Stadtmuseum Oldenburg, Entstehung der sog. Knauer-Stiftung 1961
4 StAO Best. 17.1., Kassenrechnung der Ordenskanzlei
5 Oldenburgischer Staatskalender auf das Jahr 1831, S. 45
6 Staatsdienerverzeichnis 1859-1930, Veröffentl. d. Nds. Archivverwaltung 1994 Nr. 610, S. 137
7 Goldschmiede Niedersachsens, Erster Halbband Berlin 1965, zu Delmenhorst Nr. 2, S. 284

8   Genaueres ist aus Datenschutzgründen nicht zu ermitteln

9   Oldenburger Häuserbuch Oldenburg 1996 zu Lange Strasse 26, S. 286

10 Stadmuseum Oldenburg, „Katalog der Siebenten Oldenburgischen Gewerbe-Ausstellung verbunden mit einer Ausstellung für Kunst und altes Kunstgewerbe für das Grossherzogtum Oldenburg unter dem Protektorate Sr. Königlichen Hoheit des Erbgrossherzogs vom 15. August bis 20.September 1885 in Oldenburg", 1. und 2. Auflage, 2. Auflage mit Verzeichnis der mit einer Goldenen, Silbernen oder Bronzenen Medaille ausgezeichneten Aussteller, Oldenburg 1885

11 Originalrechnung vom 9.11.1891, StAO Best 17.1. Ordenskanzlei

12 Oldenb. Nachrichten für Stadt und Land vom 12.12.1906, Todesanzeige und Würdigung seines Lebens

13 Nordwest Heimat Nr. 12 vom 11.12.1982, Die Oldenburger und ihr Theater u. Programm-zettel für die Aufführung mit Auflistung der Mitspieler

14 Ordens-Lexikon 3, Verlag „Die Ordenssammlung Berlin, S. 23

15 Oldenb. Nachrichten für Stadt und Land, Ausgaben vom 20., 21. u. 23. Juli 1894

16 Ernst Klie, a.a.O. S. 50

17 Auktion Bankhaus Aufhäuser, München, Oktober 1986, Los Nr. 2294 bis 2350

18 Friedhelm Beyreiss, Der Hausorden und die tragbaren Ehrenzeichen des Grossherzogtums Oldenburg 1813-1918. Norderstedt 1997, Nrn. 18.3 und 18.4

19 Friedhelm Beyreiss a.a.O. Nr. 33.1 und 33.2

20 Carsten Zeige, Berlin, 11. Verkaufskatalog, Nachtrag Nr.1764

21 Abschriften der „Bestimmungen über Verleihung einer Medaille „für Treue in der Arbeit" vom 16.11.1904 und der Änderung der Bestimmungen zu Ziffer 1 vom 16.11.191, Sammlung des Verfassers

22 Friedhelm Beyreiss, a.a.O. Nr. 20

23 Friedhelm Beyreiss, a.a.O. Nr. 17.3

24 StAO Best. 136, Nrn. 3025-3027

25 W. Hesse Edler von Hessenthal u. G. Schreiber, Die tragbaren Ehrenzeichen des Deutschen Reiches, Berlin 1940, Nrn. 1219 ff

26 Friedhelm Beyreiss a.a.O. Nrn. 27.1 u. 27.2

27 StAO Best. 20-18, Nr. 9

28 Friedhelm Beyreiss a.a.O. Nr. 28

29 Michael Henneberg, Schriftenreihe des Vereins Oldenb. Münzfreunde Bd. 3, Oldenburg 1995, S. 105 ff

30 StAO Best. 265, Nr. 1963

31 Friedhelm Beyreiss, a.a.O. Nr. 2.4 u.a.

32 Archiv Werner Eckel, Oldenburg

33 StAO Best. 265, Nrn. 225 und 226

34 StAO Best. 136, Nr. 97

35 Kurt Asche, Adolf Rauchheld und die 91er-Medaille von 1921, in dieser Schrift

36 StAO Best. 136, Nr. 112

37 Oldenburgischer Feuerwehrverband e.V. 1882-1982. Oldenburg 1982, S. 74

38 E. Klie in Schriftenreihe des Vereins Oldenb. Münzfreunde Band 3. Oldenburg 1995, S. 51

Literaturverzeichnis:

1   Niedersächisches Staatsarchiv Oldenburg, div. Bestände
2   Kirchenbuch von Delmenhorst in Nieders. Staatsarchiv Oldenburg, div. Jahrgänge
3   E. E. Viet, Wer signierte „RK" auf oldenburgischen Medaillen?, unveröffentlichtes Vortrags-
     manuskript, 1985
4   M. Holze, Oldenburger Medaillen im Wandel der Zeit, zwei Aufsätze in: Nordwest Heimat,
     Heimatbeilage der Nordwest Zeitg., Nov. 1974
5   W. Hesse Edler v. Hessenthal u. G. Schreiber, Die tragbaren Ehrenzeichen des Deutschen
     Reiches, Berlin 1940
6   Hof- und Staats-Handbuch des Grossherzogtums Oldenburg, div. Jahrgänge
7   Verein Oldenburger Münzfreunde e.V., Schriftenreihe Band 3, Oldenburg 1995
8   Friedhelm Beyreiss, Der Hausorden und die tragbaren Ehrenzeichen des Grossherzogtums
     Oldenburg 1813-1918, Norderstedt, 1997
9   Biographisches Handbuch zur Geschichte des Landes Oldenburg, Oldenburg 1992
10   Oldenburger Nachrichten für Stadt und Land, div. Ausgaben
11   Adreßbuch für die Haupt- und Residenzstadt Oldenburg, div. Jahrgänge
12   G. Wachtendorf, Oldenburger Häuserbuch, Oldenburg 1996
13   Stadtmuseum Oldenburg, Bildarchiv und andere Bestände
14   Oldenburgisches Landwirtschaftsblatt, Jahrgänge 1912 - 1914

Bildnachweise und Fotoarbeiten:

Bildnachweise: Sammlungen Eilert E. Viet , Oldenburg und Ernst Klie, Oldenburg
Fotos: Eckard Schmidt, Hude

Kurt Asche

ADOLF RAUCHHELD UND DIE 91ER-MEDAILLE VON 1921

Der im Jahre 1868 in Bochum geborene Carl Ferdinand Adolf Rauchheld hat in Stadt und Land Oldenburg eine vielseitige Tätigkeit als staatlicher Baurat, Architekt und Denkmalpfleger, als Gutachter, Theoretiker und Schriftsteller entfaltet. Nach seinem Studium an den Technischen Hochschulen in Dresden und Berlin-Charlottenburg und nach einer praktischen Tätigkeit in Hannover und Düsseldorf trat er 1895 bei der Hochbaudirektion des Großherzogtums in den oldenburgischen Staatsdienst. Neben seiner beruflichen Arbeit fand er seit 1898 nicht nur Zeit für die Mitarbeit an dem fünf-bändigen Werk der „Bau- und Kunstdenkmäler des Herzogtums Oldenburg"; eine Bestandsaufnahme der historischen Kirchenglocken in Oldenburg und Ostfriesland geht ebenso auf ihn zurück wie eine im niedersächsischen Staatsarchiv verwahrte zeichnerische Aufnahme aller bürgerlichen und bäuerlichen Hausmarken des Olden-burger Landes. Eine bisher nicht beachtete Medaille zur Einweihung des Denkmals für die Gefallenen des Infanterie-Regiments Nr. 91 in Oldenburg, die wir hier wiederge-ben, soll nunmehr das facettenreiche Werk dieses vielseitigen Architekten und Künst-lers um einen weiteren, numismatischen Aspekt ergänzen (Abb.1).

Um einen Einblick in den frühen Architekturstil Rauchhelds zu vermitteln, sei hier zu-nächst der wiederaufgefundene erste Entwurf für die Landessparkasse zu Oldenburg von 1898 vorgestellt[1], sowie als Spätwerk und in künstlerischer Antithese dazu, ein von ihm entworfener Klinkerturm für die Cäcilienbrücke daselbst (Abb.2 und 3). Die Zeich-nung und die Photographie spiegeln die Stile der jeweiligen zeitgenössischen Architek-tur, die im ersten Beispiel den Einfluß der Neogotik, im zweiten die Formen eines geo-metrischen Expressionismus der Zwanziger Jahre erkennen lassen. Sie belegen die ge-stalterische Bandbreite ihres Urhebers, der sich mit den aktuellen Zeitströmungen aus-einandersetzte und sie reflektieren zugleich den Stilwandel vom Historismus der Jahr-hundertwende zu einem norddeutschen Klinkermanierismus, wie er insbesondere an Fritz Högers Hamburger und Delmenhorster Bauten in Erscheinung tritt.

Die zur Feier der Enthüllung des Denkmals geschaffene Medaille aus dem Jahr 1921 ist nicht das einzige numismatische Werk von Rauchheld, denn inzwischen wurde er auch als Urheber der oldenburgischen Medaille „Für Rettung aus Gefahr" von 1926 identifiziert[2]. Als ehemaliger Offizier des Regiments Nr. 91 und als Patriot, als der er sich zweifellos verstand, wie als Stadtplaner und Vertreter der Regierung war er von Anbeginn an der Planung des Denkmals vor der Oldenburger Schloßwache maßgeb-lich beteiligt. Das Infanterie-Regiment Nr. 91 war die traditionsreichste oldenburgische Heereseinheit, die 1913 ihr hundertjähriges Bestehen gefeiert hatte und deren Grün-dung durch den Herzog Peter Friedrich Ludwig auf das Ende des Befreiungskrieges im Jahr 1813 zurückging[3]. Die Plazierung des Denkmals auf dem Schloßplatz, gegenüber der ehemaligen Residenz des Landesherrn sowie unmittelbar vor der klassizisti-schen Schloßwache und noch dazu in Korrespondenz zum ehernen Standbild des Herzogs Peter Friedrich Ludwig war gleichsam ein Programm (Abb.4). Mit diesem Standort, wie mit dem bekrönten Buchstaben „P" für Peter auf dem Sockel des Denk-mals, sollte die Verbundenheit zum Gründer des Regiments und zum Fürstenhaus dokumentiert, mit den Namen der Schlachtenorte und Gefechte an den beiden Seiten der Ruhm soldatischer Taten der Nachwelt überliefert werden. Der verhängnisvolle Mythos vom unbesiegten deutschen Soldaten und die quasisakrale Heldenverehrung kommen zum Ausdruck in der pathetischen Inschrift an der Längsseite des Sockels, welche lautet: „Heilige Flamme glüh' glüh' und erlösche nie fürs Vaterland", sowie in einem lorbeerbekränzten Stahlhelm auf der Rückseite.

Die Feierlichkeiten anläßlich der Enthüllung des Löwendenkmals im Juni 1921, die sich über drei Tage erstreckten, sind in den „Nachrichten für Stadt und Land" in aller Ausführlichkeit dargestellt. Dabei spielte Paul von Hindenburg als ehemaliger Regi-mentskommandeur und als „Generalfeldmarschall" des Ersten Weltkrieges eine zen-trale Rolle. Er wurde durch Zapfenstreich und Fackelzug, durch Paraden und ruhmredige Elogen gefeiert und heroisiert[4]. Eine in Privatbesitz befindliche zeitgenössische Photo-graphie, die wir hier nicht wiedergeben, zeigt Hindenburg im Kreise ehemaliger Offizie-re und örtlicher Würdenträger auf der Treppe des früheren Offizierscasinos. In der hinteren Reihe steht auch Adolf Rauchheld, der wie alle übrigen Dargestellten auf dem Revers seines Rockes eine kreisförmige Medaille an einem zweifarbenen Band trägt: Es ist die nach seinem Entwurf gefertigte Gedenkmünze, die wir im folgenden näher betrachten (Abb.1).

Die kreisrunde Medaille, die beidseitig in Bronze geprägt wurde, hat einen Durchmes-ser von 32 Millimeter. Sie besitzt keine angelötete Öse, sondern eine aus dem oberen Zwickel ausgestanzte Öffnung, die über einen Zwischenring die Verbindung zu einem blauroten Ordensband herstellte. Sie war also nicht nur Schaumünze, sondern wohl in erster Linie für das Tragen an einem Kleidungsstück bestimmt. Zentrales Motiv ist der im inneren Kreis befindliche, aufrecht sitzende Löwe nach links, dessen Profilansicht auf einen Entwurf des Bildhauers Hugo Lederer für ein Bismarck-Denkmal bei Bingerbrück am Rhein zurückgeht[5]. Lederer hatte zuvor das bekannte und umstritte-ne Standbild Bismarcks am Hamburger Hafen entworfen, das den Eisernen Kanzler – gestützt auf ein Schwert– als mittelalterlichen Roland idealisiert, und er adaptierte nun den Löwen von Bingerbrück für das Oldenburger Denkmal. Die durch eine Perlschnur und einen Kreis gefaßte Umschrift der Medaille lautet: „OLDBG ◆ INF ◆ REGT ◆ 91 ◆◆◆ 1914 ◆ 1918 ◆◆◆", wobei die etwas zu großen, flächigen Versalbuchstaben einen ornamenthaft wirkenden Rahmen für das leicht hervortretende Löwenrelief bil-den. Zu Füßen des Löwen erscheint unten links das Monogramm „AR" für Adolf Rauch-held. Die Rückseite der Medaille stellt sich eher prosaisch und sparsam und ohne besonderes Motiv dar, sie ist aber im besten Sinne zeitgenössisch. An erster Stelle erscheint oben das bekrönte Monogramm „P" für den Herzog Peter, flankiert von den Jahreszahlen „1813" und „1919", und die untere Hälfte enthält in stilisierten Versal-buchstaben vier Zeilen mit der Inschrift „ZUR ERINNERUNG AN DIE EINWEIHUNG

DES DENKMALS 1921". Diese Seite besitzt keinerlei Einfassung in Form einer Perlschnur oder eines erhöhten Randes, sie ist ornamentlos und unplastisch und bekundet auch dadurch ihre Zugehörigkeit zur „Sachlichkeit" der Zwanziger Jahre. Wir beschränken uns hier auf diese Beschreibung und verzichten auf eine Abbildung der Rückseite.

Die Besprechung der Medaille wäre unvollständig ohne einen Hinweis auf das spätere Schicksal des Denkmals. Dieses wurde im Zuge der Neugestaltung des Schloßplatzes 1961 demontiert und fand vor dem Gebäude der heutigen Bezirksregierung am Theodor-Tantzen-Platz bzw. der Hindenburgstraße einen angemessenen neuen Standort, aber nicht in der Mitte des Platzes oder vor dem Portikus des Regierungsgebäudes, sondern in respektvoller Distanz und, wenn nicht in Antithese zu diesem, so doch an den Rand der Anlage verwiesen. Der Löwe blickt nun nach Norden und verliert im Sommer unter dem dichten Laubwerk der umgebenden Bäume seinen kämpferischen Charakter – das Denkmal hat buchstäblich einen anderen Stellenwert bekommen. Die Translozierung des Denkmals vom Sitz des Fürsten zum Sitz der Regierung, vom historischen Zentrum zum eher peripheren Theodor-Tantzen-Platz, stellt sich – im Unterschied zur Antithese der beiden Namengeber, des Kriegsmarschalls Hindenburg und des ersten legitimen Nachkriegsministers Tantzen – als ein Kapitel Aufarbeitung deutscher Geschichte dar. Sie dokumentiert die kritische Distanz der Nachkriegsgeneration zu Militarismus, Kriegsmonumenten und Heldenverehrung und sie weist dem Militär symbolhaft einen demokratisch legitimierten, aber nicht zentralen Platz in unserer Gesellschaft zu[6].

Anmerkungen

1 Original im Nds. Staatsarchiv Oldenburg, Best. 298 A 738.
2 Vgl. hierzu den Beitrag von E. Klie in diesem Band. Auch der Entwurf für die in den zwanziger Jahren gegossene C-Glocke der Lambertikirche in Oldenburg, die einen Durchmesser von 166 Zentimeter und ein Gewicht von 2.960 Kilogramm aufweist, geht auf Adolf Rauchheld zurück (frdl. Mitteilung von KMD Ricklef Orth, Oldenburg). Sie trägt oben die Inschrift „Krieger-Gedächtnis-Glocke" und darunter zu beiden Seiten eines nach unten gerichteten Schwerts die gleiche patriotische Sentenz wie der Denkmalsockel (vgl. auch Anm.3). Den Sockel entwarf der Architekt Karl Krause aus Herford.
3 Vgl. hierzu Heinrich Harms, Die Geschichte des Oldenburgischen Infanterie-Regiments Nr. 91, Oldenburg/Berlin 1930, Tafel 14, sowie die „Festschrift zum Regiments-Appell am 17. und 18. September 1921. In der letztgenannten heißt es auf S. 15: „Auf dem Bahnhofe werden auch die Denkmünzen und Drucksachen ausgegeben." Diese Bemerkung läßt den Schluß zu, daß jeder ausgewiesene Teilnehmer die von Rauchheld entworfene Medaille erwerben konnte.

4   Nachrichten für Stadt und Land Nr. 252-254, Jahrgang 1921. Zur Denkmalsenthüllung selbst vgl. die Abbildung 161 in: Geschichte der Stadt Oldenburg 1830-1995 (Bd.2), Oldenburg 1996.
5   Vgl. I.Jochum-Bohrmann, Hugo Lederer – Ein deutschnationaler Bildhauer des 20. Jahrhunderts , Frankfurt/Bern/New York/Paris 1990 (Diss. Heidelberg 1988). Der Löwe ist als Motiv für ein personenbezogenes Denkmal selten. Ein bekanntes Beispiel, das Lederer angeregt haben könnte, ist der „Löwe von Belfort", ein Felsrelief zur Erinnerung an die Verteidigung der gleichnamigen Festung durch Frankreich im Krieg von 1870/71. Auch das von F.H. Ehmcke für den Jenaer Eugen Diederichs-Verlag entworfene Signet bedient sich des Motiv eines sitzenden Löwen in einem Kreis.
6   Vgl. hierzu insbesondere P. Springer, Oldenburg – Kunst in der Stadt, Oldenburg 1981, S. 28f. und S. 44ff.

Abb. 1:
Adolf Rauchheld
Medaille auf die Einweihung des 91er-Denkmals in Oldenburg

MAASSTAB
7 : 100

OLDENBURG 1898 . JULI 2

DER BEZIRKSBAUMEISTER

BAURATH

Rauchheld

REG. BAUMEISTER

Abb. 2:
Adolf Rauchheld
Entwurf von 1898 für den Eingangsbau der „Ersparungskasse"
am Marktplatz in Oldenburg

Abb. 3:
Adolf Rauchheld
Südostturm der Cäcilienbrücke von 1927 in Oldenburg
Aufnahme 1983

154

Abb. 4:
Hugo Lederer und Karl Krause 1921
Das 91er-Denkmal in Oldenburg um 1928

Hartmut Trippler

DIE NOT SCHAFFT IHR EIGENES GELD

Konsumvereine des Oldenburger Landes und ihre
Marken und Zahlungsmittel

Konsumvereine, anderen Orts auch Konsumgenossenschaften oder Haushaltsvereine genannt, waren Vereinigungen, die ihren Mitgliedern durch Direkteinkauf die Möglichkeit gaben, alles Lebensnotwendige güngstig zu erwerben.

Vereinigungen dieser Art entstanden zuerst 1844 in England. Die erste Cooperation war der Verein der Pioniere von Rochdale.

Die ersten deutschen Konsumvereine wurden 1850 in Chemnitz und Eilenburg gegründet.

Die Konsumvereine hatten eigene Satzungen und waren später in Dachverbänden organisiert. 1883 gab es im Deutschen Reich bereits 675 dieser Vereine mit über 110 000 Mitgliedern. Sie machten in diesem Jahr einen Umsatz von über 32 Millionen Reichsmark. 1930 waren es dann 12 000 Vereine mit über 3 Millionen Mitgliedern.

Es wurden zwei Möglichkeiten des vorteilhaften Einkaufs der Miglieder praktiziert.
1. Die Mitglieder bezahlten die Ware zu normalen Ladenpreisen und erhielten nach Jahresende eine nach dem Wert der von jedem gekauften Waren bemessenen Dividende.
2. Es gab das sogenannte Markengeschäft, indem der Verein mit Fleischern, Bäkkern, Bauern und Grossisten Vereinbarungen traf, nach welchen diese den Mitgliedern einen Rabatt bewilligten und von ihnen Marken annahmen, die der Verein bar einlöste.

Die Konsumvereine verkauften hauptsächlich Lebensmittel, daneben aber auch Getränke, Brennmaterialien und andere Dinge des täglichen Bedarfs.

Es gab aber auch Kritiken. Etliche Mitglider waren der Meinung, daß sie von den Lieferanten weniger gut bedient wurden, als andere Kunden. Die von den Konsumvereinen angestellten Lagerhalter hielten es zum Teil nicht für erforderlich, sich um ihre Kunden zu bemühen. Auch zeigten sie im Einkauf nicht die nötige Umsicht. Zuweilen hatten sich Angestellte auch des Vertrauensbruchs und betrügerischer Übervorteilung ihrer Vereine schuldig gemacht.

Trotz solcher Mißstände war die Konkurrenz der Konsumvereine den Gewerbetreibenden sehr unbequem. Nicht selten wurden in Versammlungen von Handwerkern und Kleinhändlern staatlicher Schutz und weitgehende Einschränkungen verlangt.

Im Großherzogtum und späteren Freistaat Oldenburg gab es drei Konsumvereine. Das waren die Konsumvereine Oldenburg, Jever und Bant.

Der Oldenburger Konsumverein wurde am 21.1.1866 im Lokal des Arbeiterbildungsvereins gegründet. Die Anfänge waren schwer. Beispielsweise drohte der Kaufmännische Verein, ein Zusammenschluß von Einzelhändlern, den Lieferanten ihre Ware nicht mehr abzunehmen und deshalb kam es bei den Konsumvereinen zu Engpässen in der Warenbeschaffung.

Die kleinen Geschäfte, oft ohne Kapital gegründet, kauften vielfach aus zweiter und dritter Hand ein und waren infolgedessen teuer. Sie banden ihre Kunden aber häufig an sich und ihre überteuerten Preise, indem sie ihnen die Möglichkeit gaben, die Waren auf Kredit „auf Borg" zu kaufen. Diese Praktiken gab es landesweit. Die Konsumvereine mußten ihre Waren teilweise auf Umwegen beziehen, oder sie mußten durch die einzelnen Verwaltungsratsmitglieder persönlich bezogen werden. Die aber hatten oft nur am Feierabend und Sonntags Zeit, die Arbeit für den Konsumverein zu erledigen und opferten dafür ihre ganze Freizeit. Außerdem hemmte das Borgungswesen die Ausbreitung der Vereine. Viele Kunden konnten oder wollten nicht davon los.

Aber trotz der schwierigen Anfangszeiten ging es aufwärts und die Erfolge stellten sich ein. Nach dem ersten Weltkrieg befanden sich Filialen in Oldenburg, Hude, Gruppenbühren, Elsfleth, Warfleth, Lemwerder, Ganderkesee, Wildeshausen, Goldenstedt, Cloppenburg, Ahlhorn, Zwischenahn, Apen, Augustfehn, Rastede, Südende und Ofen.

Die konkurrierenden Einzelhändler versuchten aber auch weiterhin mit allen Mitteln, die Arbeit der Konsumvereine zu erschweren. So ist im Jahresbericht des Oldenburger Konsumvereins von 1919 vermerkt, daß der Oldenburger Verband der Einzelhändler eine Eingabe an den Staatsminister sowie an die in Weimar tagende Nationalversammlung gerichtet und auf die Benachteiligung gegenüber dem Konsumverein hingewiesen habe. Besonders forderte man die Konsumvereine zur Veranlagung der Gewerbesteuer auf. Bereits seit dem 1.5.1907 war der Oldenburger Konsumverein steuerpflichtig auf den Reingewinn, worauf man billiger verkaufte, um den Gewinn zu reduzieren.

Im ersten Weltkrieg hatten die Konsumvereine großen Anteil an der Versorgung der

Bevölkerung. Auf sie fielen 30 bis 40% der Gesamtversorgung. Sie verkauften in der schweren Zeit auch an Nichtmitglieder und das teilweise billiger, z.B. Brot und Kohlen. Maßgeblich beteiligt waren sie an der Kartoffel- und Kohlenverteilung.

Auch die Inflationszeit wurde gut überstanden.

In der Zeit des Nationalsozialismus wurden die Konsumvereine dann von diesem System vereinnahmt. So wurden sie 1933 zwangsweise in die „Arbeitsfront" eingegliedert. 1934 mußten die Vereine sich neue Namen wie beispielsweise „Verbrauchsgenossenschaft Volkskraft GmbH" zulegen. In den folgenden Jahren wurde der Genossenschaftsgedanke immer mehr verwässert, in den Kriegsjahren wurde die Tätigkeit letztendlich ganz eingestellt. Eine gute Idee war zerstört und ein in jahrzehntelanger Arbeit aufgebautes Werk wurde Opfer einer Wahnsinnspolitik.

Nach dem Zusammenbruch folgte jedoch ein neuer Aufstieg.

Der Konsumverein Jever wurde wie der Oldenburger 1866 mit vergleichbaren Statuten gegründet und wurde später von dem Konsumverein Bant übernommen.

Doch zurück zu den Anfängen. Bei der notorischen Überteuerung, die in Folge des Geschäftsgebarens eines großen Teils der Geschäftsleute in und um Wilhelmshaven herrschte, war es um die Zeit der Reichsgründung 1871 nicht möglich, einen seßhaften Arbeiterstand für die Werften zu gewinnen.

Darum sollte ein Konsumverein „die Preise in reguläre Grenzen" zurückführen. Es wurde 1875 der Werftkonsumverein „Wilhelmshavener Konsumverein e.G." gegründet. Dieses Unternehmen konnte sich aber nicht halten und machte 1880 Konkurs.

Zu derselben Zeit hatten Werftarbeiter in Belfort eine „Freie vorübergehende Vereinigung" gebildet, um Lebensmittel und Heizmaterial günstig zu beziehen. Sie kauften ganze Eisenbahnwaggons mit Kohlen, Koks und Torf und teilten sie unter sich auf.

Aus solchen losen, für das augenblickliche Bedürfnis entstandenen Verbindungen ist am 18.9.1887 der Banter Konsumverein gegründet worden. Bant gehörte damals noch zu Rüstringen, also zum Großherzogtum Oldenburg. Heute ist Bant als ein Stadtteil mit Wilhelmshaven verschmolzen.

Durch erfolgreiche Arbeit konnte sich der Banter Konsumverein entwickeln und vergrößern. 1920 besaß der Verein 31 Verkaufsstellen, davon 23 in den Jadestädten und weitere in Varel, Aldenburg, Jever, Heidmühle, Schortens, Sanderbusch, Westerstede und Bockhorn. Später sind noch Läden in Dangastermoor, Hooksiel, Middelfähr und Zetel dazugekommen. Außerdem gehörten ihm noch vier Brot- und zwei Milchverteilstellen. 1926 wurde noch eine eigene Schlachterei eröffnet. Im Dritten Reich erging es dem Banter Konsumverein wie dem Oldenburger, auch dort war das Ende unausweichlich.

1.   Marken des Konsumverein Oldenburg

Vs.   Oben im Bogen: CONSUM
In der Mitte: OLDENBURG
Unten im Bogen: VEREIN

Rs.   In der Mitte innerhalb eines Perlkreises die Wertziffer.
Oben im Bogen: * MARKE *
Unten im Bogen: S. GROSCHEN

1.1   1/2 Silbergroschen o.J.
Messing Dm. 16,2 mm   Gew. 1,3 Gramm   Menzel 10711.1

1.2   1 Silbergroschen o.J.
Messing Dm. 17,8 mm   Gew. 1,7 Gramm   Menzel 10711.2

1.3   2 1/2 Silbergroschen o.J.
Messing Dm. 20,5 mm   Gew. 2,6 Gramm   Menzel 10711.3

1.4   5 Silbergroschen o.J.
Messing Dm. 22,0 mm   Gew. 3,3 Gramm   Menzel 10711.4

Die Marken kamen ab 1866 in Umlauf und dienten dem Zahlungsverkehr zwischen den Verteilungsstellen oder Verteilungsstellen und den Mitgliedern des Konsumvereins Oldenburg.

2. Bäckermarken des Konsumverein Oldenburg

Vs. Oben im doppeltem Bogen: CONSUMVEREIN / OLDENBURG
Unten in zwei Zeilen: BÄCKER / MARKE

Rs. In der Mitte innerhalb eines Perlkreises die Wertziffer.
Oben im Bogen: * MARKE *
Unten im Bogen: S. GROSCHEN

2.1 1/2 Silbergroschen o.J.
Zink   Dm. 15,4 mm   Gew. 1,3 Gramm   Menzel 10711.9   Neumann 32864

2.2 1 Silbergroschen o.J.
Zink   Dm. 17,8 mm   Gew. 1,7 Gramm   Menzel 1o711.10   Neumann 32863

2.3 2 1/2 Silbergroschen
Zink   Dm. 20,0 mm   Menzel -   Neumann 32862

2.4 5 Silbergroschen
ZinkDm. 22,0 mm   Menzel -

Von den 2 1/2 und 5 Silbergroschen konnte ich keine Originale ausfindig machen weshalb hier keine Abbildungen und Gewichtsangaben erscheinen können.

Die Marken kamen im Februar 1868 in Umlauf und dienten dem Zahlungsverkehr zwischen den Bäckern und Mitgliedern des Consumvereins.

Menzel beschreibt sie unter Nr. 10711.5-8 in Messing. Auf Anfrage bestätigte er, daß er sie auch nur aus schriftlichen Quellen kennt. Im Original sind sie aber nicht bekannt. Die tatsächliche Existenz dürfte daher wohl zweifelhaft sein.

3. Gutscheine des Oldenburger Konsumverein aus der Inflationszeit

3.1 Zwei Millionen Mark, 1923

Vs. Schrift in Rot in neun Zeilen:
GUTSCHEIN / über / Zwei / Millionen Mark / Waren.
Der Inhaber ist berechtigt, wenn er Mitglied der Genossenschaft ist,
gegen / diesen Gutschein für 2 Mill. Mark Waren aus einer
Verteilungsstelle zu entnehmen. /
Oldenburg i. 0., 5. September 1923 /
Oldenburger Konsumverein e. G. m. b. H /
Drei Unterschriften: Beck, Breuer, a.Dötsch
Oben rechts die Registriernummer in schwarzem Aufdruck.

Rs. Als Untergrund in hellbraunem Druck in drei Zeilen:
ZWEI / MILLIONEN / MARK
Schrift in Rot in zehn Zeilen:
Filialen des Oldenburger Konsumvereins befinden sich an /
folgenden Orten: /

Oldenburg	Ganderkesee	Apen	/
Hude	Wildeshausen	Augustfehn	/
Gruppenbühren	Goldenstedt	Rastede	/
Elsfleth	Cloppenburg	Südende	/
Warfleth	Ahlhorn	Ofen	/
Lemwerder	Zwischenahn		/

Ornament /
Gerhard Stalling i.O. (Druckerei)
Größe: 12,4 x 8,0 cm

3.2 Zehn Millionen Mark,1923

Der Wortlaut ist identisch mit Nummer 3.1 nur der Wert ist mit 10 Millionen Mark
ausgewiesen.
Der Schein hat braune Schrift auf grünem Unterdruck.
Größe: 1 2,4 x 8,0 cm
Lindmann, Notgeld, Niedersachsen, Weser-Ems, Seite 30, Nummer 4

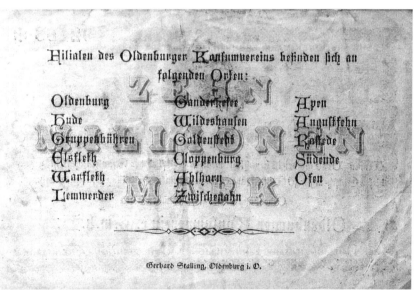

Gutschein des Oldenburger Konsumvereins, 1923

über Zehn Millionen Mark

4. Marken des Konsumverein Jever

Vs. Oben im Bogen: CONSUM
In der Mitte: JEVER
Unten im Bogen: VEREIN

Rs. In der Mitte innerhalb eines Perlkreises die Wertziffer.
Oben im Bogen: * MARKE *
Unten im Bogen: S. GROSCHEN

4.1 1/2 Silbergroschen o.J.
Messing   Dm. 16,2 mm   Gew. 1.3 Gramm   Menzel 6777.1

4.2 1 Silbergroschen o. J.
Messing   Dm. 17,8 mm   Gew. 1,7 Gramm   Menzel 6777.2

4.3 2 1/2 Silbergroschen o.J.
Messing   Dm. 20,5 mm   Gew. 2,6 Gramm   Menzel -

4.4 5 Silbergroschen o.J.
Messing   Dm. 22,0 mm   Gew. 3,0 Gramm   Menzel -

Die Marken kamen wie in Oldenburg 1866 in Umlauf und dienten dem Zahlungsverkehr zwischen den Verteilungsstellen und den Mitgliedern des Konsumvereins Jever.

5. *Marke des Konsumverein Bant o.J.*

Vs. Im Kreis: BANTER CONSUM-VEREIN * E. G. *
Im inneren Perlkreis: BANT / Wertziffer 50

Rs. Im Bogen: WERTH MARKE
Darunter: Wertziffer 50
Ganz unten: feine gepunktete Linie

Messing   Dm. 25,3 mm   Gew. 4,125 Gramm   Oben gelocht.   Menzel 660

Bei dieser Marke handelt es sich wahrscheinlich um eine Probe.

6. *Marken des Konsumverein Bant*

Vs. Umschrift: BANTER CONSUM–VEREIN * E. G. *
Im inneren Perlkreis: BANT / Wertziffer

Rs. Oben im Bogen: GUT FUR
Im Zentrum: Wertziffer
Unten im Bogen: * PFENNIG *

6.1 *5 Pfennig o.J.*
Messing   Dm. 18 mm   Gew. 1,6 Gramm   Menzel 659.1

6.2 *l0 Pfennig o.J.*
Messing   Dm. 19,2 mm   Gew. 1,9 Gramm   Menzel 659.2

6.3 *20 Pfennig o.J.*
Messing   Dm. 22,0 mm   Gew. 2,6 Gramm   Menzel 659.3

10 Pfennig o.J.
mit Gegenstempel „U"

6.4 *1 Mark o. J.*

Vs. Umschrift: BANTER CONSUMVEREIN *
Im inneren Perlkreis: sich reichende Hände, darüber E.G., darunter BANT

Rs. Oben im Bogen: GUT FUR
Im Zentrum: Wertziffer 1
Unten im Bogen: * MARK *

Messing   Dm. 29,0 mm   Gew. 7,5 Gramm   Menzel 659.4

Prägezahlen und Prägefirmen der Marken der Konsumvereine Oldenburg und Jever konnten leider anhand der zur Verfügung stehenden Unterlagen nicht ermittelt werden.

Die Marken von Bant wurden von der Lauerschen Prägeanstalt in Nürnberg geprägt. Prägezahlen sind nicht bekannt.

Das heutige Vorkommen der Marken ist durchweg selten.

Für die Unterstützung bedanke ich mich bei:
Frau Mosebach-Tegtmeier vom Stadtarchiv Wilhelmshaven,
Herrn Ahrens vom Stadtarchiv Oldenburg
Herrn Ulrich E. G. Schrock, Hameln
Herrn Hanfried Bendig, Bremen
Herrn Berend Irps, Roffhausen
Herrn Ulrich Lehmann, Ribnitz
Herrn Peter Menzel, Radebeul
Frau und Herrn Erika und Helmut Behrens aus Oldenburg.

Literaturverzeichnis

1   Jahresberichte des Oldenburger Konsumvereinvon 1915, 1916, 1917, 1918, 1919/20, 1929
2   Festschrift zum 50-jährigen Bestehen des Oldenburger Konsumverein vom 21.1.1916
3   Brockhaus Conversations Lexikon, Band 10, Leipzig 1885
4   Chronik der Stadt Wilhelmshaven, Band 2, 1957, zusammengestellt und bearbeitet von Archivrat Edgar Krumdig
5   Peter Menzel, Deutsche Notmünzen und sonstige Geldersatzmarken 1840-1990, Band 1 und 2, Verlag B. Strothotte, Gütersloh.
6   Josef Neumann, Beschreibung der bekannten Kupfermünzen, 1868, Band 5,
7   Kai Lindmann, Das Notgeld von Niedersachsen, Bezirk Weser-Ems, Sassenburg 1993.

Ernst Klie

FRIEDRICH WILHELM RAIFFEISEN UND OLDEN-BURG

Der Name „Raiffeisen" steht auch in den oldenburgischen Landen für eine Entwicklung, die aus sozialem Engagement und dem Selbsthilfegedanken entstanden, bald zu einem hochstehenden Genossenschaftswesen führte. Genossenschaften aller Sparten, also die Volksbanken, Raiffeisenbanken und Spar- und Darlehenskassen sowie die breite Palette der Waren-, Vermarktungs- und Dienstleistungsgenossenschaften nehmen heute mit einer hohen Marktstellung am Wirtschafts- und Gesellschaftsleben teil.

Friedrich Wilhelm Raiffeisen (1818 - 1888), in Hamm an der Sieg geboren, entwickelte aus der erkannten Not der ländlichen Bevölkerung heraus seinen sinnvollen und gangbaren Weg zur Hilfe auf genossenschaftlicher Basis. Die Gründung des Konsumvereins in der Gemeinde Weyerbusch auf dem Westerwald, in der Raiffeisen als Bürgermeister tätig war, im Notwinter 1846/47 gilt gleichsam als Geburtsstunde der „Idee der genossenschaftlichen Hilfe". Raiffeisen erkannte, dass die Notlage grosser Teile der bäuerlichen Familien in ihrer Kreditlosigkeit begründet war, Kredite verständlicherweise zu annehmbaren Bedingungen. Hier sollten die ländlichen Darlehnskassenvereine Abhilfe schaffen. Vereinigungen also, in denen sowohl Geldgeber als auch Kreditnehmer aus der gleichen ländlichen Bevölkerungsschicht gemeinschaftlich zusammengeschlossen sein sollten, eben Genossenschaften. Gemeinschaftliche Hilfe zur Selbsthilfe war das Rezept, oder mit dem Motto der Genossenschaftsidee ausgedrückt,

„EINER FÜR ALLE, ALLE FÜR EINEN".

Zu Recht wird Friedrich Wilhelm Raiffeisen in der Umschrift der hier vorzustellenden Verdienstmedaille (Abb. 1) als „Vater Raiffeisen" bezeichnet; war er doch Zeit seines Lebens und trotz schwerer Krankheit unermüdlich für „seine" Genossenschaftsidee tätig.

In der Region Oldenburg entwickelte sich das Genossenschaftswesen erst später; die 1818 gegründete Oldenburgische Landwirtschaftsgesellschaft und ihre bald entstandenen Filialvereine hatten die entsprechenden Aufgaben anfangs übernommen. Im Jahre 1879 kam es dann, wieder beeinflusst durch Mitglieder der Landwirtschaftsgesellschaft, zur Gründung der ersten Konsumvereine und Molkereigenossenschaften. 1882 bestanden bereits 17 ländliche Konsumvereine bei den Filialen der Landwirtschaftsgesellschaft, die sich im gleichen Jahr zu einem Genossenschaftsverband zusammenschlossen. Nachfolger wurde dann der 1890 gegründete Verband Oldenburgischer Landwirtschaftlicher Genossenschaften, der wie sein Vorgänger die Aufgabe hatte, die vielen Genossenschaften und Vereine zu überprüfen und das Genossenschaftswesen weiter zu entwickeln. Zum Verband gehörten 1913 schon 275 angeschlossene Organisationen; die Genossenschaftsvereine des Oldenburger Münsterlandes schlossen sich allerdings der vergleichbaren Zentrale in Münster an. Die Bildung der Genossenschaften und der vergleichbaren Vereine hatte über ihre wirtschaftliche und finanzpolitische Bedeutung hinaus auch einen wesentlichen gesellschaftpolitischen Wert für die Entwicklung der demokratischen Selbstverwaltung auf der örtlichen Ebene.

Abb. 1: Verdienstmedaille „FÜR TREUE MITARBEIT"

Vs. Portrait Friedrich Wilhelm Raiffeisens n.l., Umschrift von links: „Vater Raiffeisen, *1818 + 1888"

Rs. Gekreuzte Pferdeköpfe (Symbol der Raiffeisenbanken), Umschrift oben: „EINER FÜR ALLE . ALLE FÜR EINEN", Umschrift unten: „FÜR TREUE MITARBEIT"

Versilbertes Metall, Grösse: 50 mm Durchmesser, Gewicht: 52,96 gr.

Bemerk.: Die Verdienstmedaille wurde in einem schwarzen Verleihungskästchen mit dunkelblauer Samteinlage verliehen. Das Stiftungs- und Verleihungsdatum ist nicht bekannt.

Heute ist der Genossenschaftsverband Weser-Ems e.V. in Oldenburg mit 345 Mitgliedern zum 31.12.1997 die Dachorganisation des Genossenschaftswesens in der Region Weser-Ems. Ein bedeutender und geschätzter Zweig ist auch die „VR-Stiftung Volksbanken Raiffeisenbanken", die erhebliche Fördermittel für kulturelle, soziale und gemeinnützige Einrichtungen weitergibt und so das gesellschaftspolitische Engagement des Genossenschaftswesens aktiv unterstützt.

Die Stadt Oldenburg als ein Zentrum der Region ist dem Raiffeisenwesen noch besonders dadurch verbunden, dass im Jahre 1950 der erste Deutsche Raiffeisentag der Nachkriegszeit dort abgehalten wurde. Nach schwerer Kriegs- und Nachkriegszeit

Abb. 2: Ansteckabzeichen zum Deutschen Raiffeisentag 1950 in Oldenburg

Vs. Portrait Friedrich Wilhelm Raiffeisens n.l., Umschrift von links: „DEUTSCHER RAIFFEISENTAG OLDENBURG" Umschrift unten: „1950"
Rs. Hohl geprägt, mit Anstecknadel

Helle Bronze, Grösse: 32 mm Durchmesser, Gewicht: 2,45 gr.

markierte der Raiffeisentag 1950 in Oldenburg den Beginn einer eindrucksvollen Entwicklungsphase des deutschen Genossenschaftswesens. Vom 27. bis 29. Juni 1950 in einem eigens zu diesem Zweck errichteten Grosszelt am Marschweg in Oldenburg gingen die entscheidenden Impulse und Weichenstellungen für diese Entwicklung aus. Die Abbildung des zu diesem bedeutenden Ereignis herausgegebenen Ansteckabzeichens (Abb. 2) möge diese Betrachtung beschliessen.

Literatur:

1 Oldenburg um 1900, Beiträge zur wirtschaftlichen, sozialen und kulturellen Situation des Herzogtums Oldenburg im Übergang zum industriellen Zeitalter, Oldenburg 1975
2 Cloppenburg und die Volksbank 1895-1995, Cloppenburg 1995
3 Handwörterbuch der Staatswissenschaften, 6. Band, Jena 1925
4 Jahresbericht 1997 des Genossenschaftsverbandes Weser-Ems e.V. Oldenburg, Oldenburg im Mai 1998
5 Festschrift zum 75jährigen Bestehen des Raiffeisen-Genossenschaftsverbandes Weser-Ems, Oldenburg 1965

Fotoarbeiten: Eckhard Schmidt, Hude

Münzen: Im Zeitalter des "elektronischen Bezahlens"
ein Stück Erinnerung an vergangene Zeiten.

Traditionen bewahren
-
Zukunft gestalten